75 YEARS
आपसे हैं हम

AF559613

ठिठुरते लैम्प पोस्ट

कविता-संग्रह

अदनान कफ़ील 'दरवेश'

राजकमल प्रकाशन

ISBN : 978-93-92757-85-3

मूल्य : ₹495

पहला संस्करण : 2022

प्रकाशक : राजकमल प्रकाशन प्रा. लि.
1-बी, नेताजी सुभाष मार्ग, दरियागंज
नई दिल्ली-110 002
शाखाएँ : अशोक राजपथ, साइंस कॉलेज के सामने, पटना-800 006
पहली मंजिल, दरबारी बिल्डिंग, महात्मा गांधी मार्ग, प्रयागराज-211 001
36 ए, शेक्सपियर सरणी, कोलकाता-700 017
वेबसाइट : www.rajkamalprakashan.com
ई-मेल : info@rajkamalprakashan.com

मुद्रक : बी.के. ऑफसेट
नवीन शाहदरा, दिल्ली-110 032

THITHURATE LAMP POST
Poems by Adnan Kafeel 'Darwesh'

अम्मा
अब्बा
उज़्मा
और अनूप श्री
के लिए

ले साँस भी आहिस्ता कि नाज़ुक है बहुत काम,
आफ़ाक़ की इस कारगहे-शीशागरी का।

—मीर तक़ी 'मीर'

भँवर आइ बनखंड हुति लेहि कँवल कै बास।
दादुर बास न पावहिं भलेहिं जो आछहिं पास॥

—मलिक मुहम्मद जायसी

क्रम

फ़जिर[1]

ख़ामोशी इतनी
कि झींगुरों की आवाज़
साफ़ सुनाई दे रही है

चनरमा खटिया पर लेटे-लेटे
आसमान में मद्धिम पड़ चुके
कचबचिया की तरफ़ देख रहा है
और खखार रहा है

जोखू
आधी नींद में ही
गोरुओं की नाद में चारा डाल रहा है

स्त्रियाँ
टोलियाँ बनाकर
नहर की तरफ़
बतकूचन करती जा रही हैं

गाँव के सिवान से
ट्रकों के गुज़रने की आवाज़ें
उनके काफ़ी नज़दीक होने का
भ्रम पैदा कर रही हैं

---

1. सूर्योदय से पहले अदा की जाने वाली नमाज़ का समय।

पुरुवा झुर-झुर बह रही है
मैं एक ज़ोर की अँगड़ाई लेता हूँ और देखता हूँ :
रसूलन बुआ
बधने में पानी भर कर
वज़ू बनाने जा रही हैं
और अब्बा
खटिया से पाँव लटकाए
चप्पल टटोल रहे हैं

फ़जिर की अज़ान
बस होने ही वाली है
और मैं सोच रहा हूँ
कि ऐसा कब से है
और क्यूँ है
कि मेरे गाँव के तमाम-तमाम लोगों की घड़ियाँ
आज भी
फ़जिर की अज़ान से ही शुरू होती हैं।

[2017]

पहचान

बचपन में मुझे
माँ और पिता के बीच में सुलाया जाता
मेरी नींद कभी-कभार
बीच रात में ही टूट जाती
और मैं उठते ही
माँ को ढूँढ़ता

घुप्प अँधेरे में
एक जैसे दो शरीरों में
मैं अन्तर नहीं कर पाता
इसलिए मैं
अपनी तरफ़ ढुलक आए
दोनों चेहरों को टटोलता
पिता की नाक काफ़ी बड़ी थी
सो मैं उन्हें पहचान जाता

मेरे लिए जो पिता नहीं थे
वो ही माँ थी
इस तरह मैंने अँधेरे में
माँ को पहचानना सीखा।

[2015]

तिल

तुम एक घना पेड़ हो
और तुम्हारे तिल
नाज़ुक घोंसले
जिनमें चिड़ियों के बच्चे नहीं
बल्कि मैं रहता हूँ...

[2018]

गमछा

पिता जब कभी शहर को जाते
माँ झट से अलमारी से गमछा निकालकर
पिता के कंधों पर धर देती
जैसे अपनी शुभकामनाएँ लपेटकर दे रही हो
कि सकुशल घर लौट आना
मुन्हार होने से पहले

जब माँ
अपने यौवन में ही
ब्याहकर आई थी पिता के घर
तब भी शायद उसने
अपने सारे स्वप्नों को
एक गमछे में लपेटकर
पिता को सौंप दिया था

पिता
जो दुनियादारी के कामों में अक्सर चूक जाते
गच्चा खा जाते
कई बार भूल जाते अपना चश्मा
अपनी क़लम
दुकान की चाबी और तमाम चीज़ें
शायद उसी तरह
माँ के स्वप्नों की पोटली भी
कहीं खो आए
शहर जाते हुए किसी दिन

माँ
जिसे मैंने टी.वी. और फ़िल्मों में दिखनेवाली
पत्नियों की तरह व्यवहार करते हुए
कभी नहीं देखा
कभी कुछ खुलकर माँगते-मनवाते नहीं देखा
माँ जो सिर्फ़ माँ ही थी
शायद पिता के लिए भी
कभी न पूछ सकी पिता से
कि वे कहाँ उसके स्वप्नों की पोटली
छोड़ आए शहर जाते हुए किसी दिन...

जब एक दिन ट्रेन पकड़ने के लिए
घर से निकला
माँ ने मेरे कंधों पर भी
गमछा डाल दिया
और मैंने सहसा
अपने कंधों पर काफ़ी वज़न महसूस किया

जब स्टेशन पर अकेले किसी कोने में बैठा
ट्रेन का इंतज़ार कर रहा था
कंधे पर पड़े गमछे की तरफ़
मेरी नज़र गई
जिसका मुँह
मेरी ही तरह लटका हुआ था
और मैंने महसूस किया; माँ के हाथ का दबाव
जो वैसे का वैसा ही
अब भी गमछे में लिपटा पड़ा था

माँ का विदा में उठा हाथ
याद आया मुझे
और पिता का थका कंधा भी
जो अब गमछे के वज़न से भी
अक्सर झुक जाता था

गमछा
जो अब पूरे रास्ते
मेरा साथी बनने वाला था
मैंने उस पर हाथ फेरा
और उसे देख कर
शुक्रिया अदा करने की मुद्रा में मुस्कुराया

गाँव से हज़ारों मील दूर
इस महानगर में
जब कभी बाहर धूप में निकलता हूँ
तो उदास और कड़े दिनों के साथी
अपने गमछे को उठाता हूँ
और उसे ओढ़ लेता हूँ
क्यूँकि मुझे यक़ीन है
इस गमछे पर
इसके एक-एक रेशे पर
जिसमें मेरा ही नमक जज़्ब है

और सच कहूँ
तो एक पुरबिहा के लिए गमछा
महज़ एक कपड़े का टुकड़ा भर ही नहीं है
बल्कि उसके कंधों पर
बर्फ़ की तरह जमा
उसका समय भी है।

[2015]

अपने गाँव को याद करते हुए

जब मुल्क की हवाओं में
चौतरफ़ा ज़हर घोला जा रहा है
ठीक उसी बीच मेरे गाँव में
अनगिनत ग़ैर-मुस्लिम माँएँ
हर शाम वक़्ते-मग़रिब
चली आ रही हैं अपने नौनिहालों के साथ
मस्जिद की सीढ़ियों पर

अपने हाथ में पानी से भरे गिलास और बोतलें थामे
अपने बच्चों को कलेजे से चिमटाए
इमाम की क़िरअत पर कान धरे
अरबी आयतों के जादू को
भीतर तक सोखती हुई

नमाज़ ख़त्म होने का इंतज़ार है उन्हें
कि नमाज़ियों का जत्था
बाहर निकले
और चंद आयतें पढ़कर
उनके पानी को दम कर दे
और उनके लाडलों-लाडलियों पर
कुछ बुदबुदाकर
हाथ फेर दे...
कुछ को ज़्यादा भरोसा है
खिचड़ी दाढ़ी वाले इमाम साहिब पर

मैं सोचता हूँ बारहा
कि ये मुसलमानों का ख़ुदा
इनकी मुरादें क्यूँ पूरी करता आ रहा है सदियों से?
मुझे इनकी आस्था में कम
इनके भरोसे में ज़्यादा यक़ीन है
यही मेरा हिन्दोस्तान है
इसे किस कमबख़्त की
नज़र लग गई!

[2015]

सन् 1992

जब मैं पैदा हुआ
अयोध्या में ढहाई जा चुकी थी
एक क़दीम मुग़लिया मस्जिद
जिसका नाम बाबरी मस्जिद था

ये एक महान सदी के अन्त की
सबसे भयानक घटना थी
कहते हैं, पहले मस्जिद का एक गुम्बद
धम्म् की आवाज़ के साथ
ज़मीन पर गिरा था
और फिर दूसरा और फिर तीसरा
और फिर गिरने का
जैसे अनवरत क्रम ही शुरू हो गया...

पहले कीचड़ में सूरज गिरा
और मस्जिद की नींव से उठता ग़ुबार
और काले धुएँ में लिपटा अन्धकार
पूरे मुल्क पर छाता चला गया
फिर नाली में हाजी हश्मतुल्लाह की टोपी गिरी
सकीना के गर्भ से अजन्मा बच्चा गिरा
हाथ से धागे गिरे
रामनामी गमछे गिरे
खड़ाऊँ गिरे
बच्चों की पतंगें और खिलौने गिरे
बच्चों के मुलायम स्वप्नों से परियाँ
चीख़ती हुई निकलकर भागीं...

और दंतकथाओं और लोककथाओं के नायक
चुपचाप निर्वासित हुए
एक के बाद एक...

फिर गाँव के मचान गिरे
शहरों के आसमान गिरे
बम और बारूद गिरे
भाले और तलवारें गिरीं
गाँव का बूढ़ा बरगद गिरा
एक चिड़िया का कच्चा घोंसला गिरा
गाढ़ा गरम ख़ून गिरा
गंगा-जमुनी तहज़ीब गिरी
नेता-परेता गिरे
सियासत गिरी

और इस तरह
एक के बाद एक
नामालूम कितना कुछ
भरभराकर गिरता ही चला गया...

"जो गिरा था
वो शायद एक इमारत से काफ़ी बड़ा था"
कहते-कहते अब्बा की आवाज़ भर्राती है
और गला रूँधने लगता है
इस बार पासबाँ नहीं मिले काबे को
सनमख़ाने से[1]
और एक सदियों से मुसलसल खड़ी मस्जिद
देखते-देखते
मलबे का ढेर बनती चली गई...

जिन्हें नाज़ है हिन्द पर[2]
हाँ, उसी हिन्द पर

1-2. अल्लामा इक़बाल और साहिर लुधियानवी के प्रति कृतज्ञ होते हुए।

जिसकी सरज़मीं से मीरे-अरब को
ठंडी हवाएँ आती थीं[1]
वे कहाँ हैं?
मैं उनसे पूछना चाहता हूँ
कि और कितने सालों तक गिरती रहेगी
ये नामुराद मस्जिद
जिसका नाम बाबरी मस्जिद है
और जो मेरे गाँव में नहीं
बल्कि दूर अयोध्या में है

मेरे मुल्क के रहबरों और ज़िंदा बाशिंदों
बतलाओ मुझे
कि वो क्या चीज़ है
जो इस मुल्क के हर मुसलमान के भीतर
एक ख़फ़ीफ़ आवाज़ में
न जाने कितने बरसों से मुसलसल गिर रही है
जिसके ध्वंस की आवाज़
अब सिर्फ़ स्वप्न में ही सुनाई देती है।

[2017]

1. अल्लामा इक़बाल के प्रति कृतज्ञ होते हुए।

वैसे ही

धूप मुक्की से वैसे ही टॉर्च बारेगी
रोज़ सुबह
पछुवा वैसे ही बहेगी और धूल झोंक जाएगी कमरे में
पंखा अपनी रफ़्तार नहीं बदलेगा
मैं वैसे ही चारपाई के पायताने
दो ज़ानू सिर रख के बैठूँगा
हाँ, खूँटी से कुछ कपड़े कम हो जाएँगे
बरसात में पूरब की दीवाल भीगेगी
लेकिन उसे देखकर
कोई चिन्तित नहीं होगा अब
मेज़ पर 'पाकीज़ा आँचल'[1] अब शायद
कभी नहीं दिखेगी
बस रोज़ रात को
पच्छिम की दीवाल गिरेगी मुझ पर
घड़ी की हर टिक-टिक के साथ
किसी की याद बहुत आएगी
जो अब इस कमरे में कभी उपस्थित नहीं होगा।

[2016]

1. उर्दू की एक मासिक अदबी पत्रिका है।

छाता

(अब्बा मरहूम के लिए)

हैं ज़वाल-आमादा अज्ज़ा आफ़रीनश के तमाम,
मह्रे-गर्दूं है चराग़े-रहगुज़ारे-बाद याँ।

—मिर्ज़ा ग़ालिब

अब्बा!
तुम स्वभाव से बड़े ही भुलक्कड़ थे
कभी क़लम गुमा दिया, तो कभी गमछा
अम्मा बतलाती थीं कि तुम अक्सर भूलकर
छोड़ आते थे अपना छाता यहाँ-वहाँ
और बरसात में बाज़ दफ़े
पानी में तर-ब-तर लौटते थे घर
अम्मा चिढ़कर कहतीं, "अजी! फलाँ बस स्टॉप पर छाता न छोड़ा होता
तो यूँ भीगना तो न पड़ता आपको?"
जिस पर तुम बस मुस्कुरा-भर देते...
बाद में फिर कभी पैसे जोड़कर ले आते अपना नया छाता
लकड़ी की मूठ वाला, वही काले रंग का छाता
जिसे दरवाज़े के झुटपुटे में
रिज़वान की तरह तैनात कर देते

बड़े काम की चीज़ था तुम्हारा छाता
जब चलते हुए कभी लचकता था पाँव
तो छाता ही देता था सहारा
मुझे याद है जब तुम काफ़ी ज़ईफ़ हो गए थे
तो मेरे कंधों के सहारे चलते-फिरते

कभी कहते, "मेरा छाता कहाँ है बाबू!"
और मैं झट से समझ जाता तुम्हारी बात
कि तुम्हें ग़ुस्लख़ाने तक जाना है
सो झुककर अपना कंधा बढ़ा देता...

तुम्हारी यादों ने अब ज़ेह्न में मुस्तक़िल घोंसले बना लिये हैं
यादों की चिड़ियाँ कभी-कभी ऐसे चीं-चीं करती हैं
कि कानों में गुदगुदी-सी होने लगती है
जब 'इन्ना आतइना'[1] याद न होने पर मदरसे के मौलवी ने छड़ी मारी
तुमने अगले ही दिन उनके होश के फ़ाख़्ते उड़ा दिये
जब-जब नाउम्मीदी, बेहिसी और नाकामी ने नेज़े मारे
तुमने अपनी बातों से ही उन्हें सिफ़र कर दिया
तुमने मुझे इस ज़ालिम ज़माने से लड़ने की तरबियत दी
मीर, ग़ालिब, इक़बाल, कबीर, तुलसी, प्रेमचंद और मंटो को मेरा साथी बनाया
और तुम्हें ही इस कमबख़्त फ़ालिज ने मार दिया!
वो भी एक दफ़ा नहीं बल्कि कई-कई दफ़े...

तुम गोरों से लड़ने वाली क़ौम की पीढ़ी के
आख़िरी फ़र्ज़न्द थे अब्बा!
तुम्हारा खादी का कुर्ता, गाँधी टोप और चमड़े का जूता
मुझे दुनिया का सबसे ख़ूबसूरत लिबास लगता
कैसी तो महक आती थी तुम्हारे लिबास और बोसीदा किताबों से
तुमने मेरे नाम ज़बानी वसीयत की थीं अपनी बेशुमार किताबें
आज तुम्हें बतलाना है कि तुमसे ज़्यादा किताबें मैंने भी ख़रीद ली हैं
तुम्हारे पास तो मैं था, मेरे पास अभी कोई नहीं इन किताबों का सच्चा वारिस...
आँखों से बारिश हो रही है
काग़ज़ के औराक़ भीग रहे हैं
तुम्हारे छाते की तीलियाँ अब टूट गयी हैं अब्बा!
अफ़सोस! वो अब मेरे काम नहीं आ सकता

अब्बा तुम बहुत भुलक्कड़ थे
सामान भूलने की आदत थी तुम्हें

---

1. क़ुरआन का सूरह कौसर जिसे मदरसों में अक्सर कंठस्थ करवाया जाता है क्योंकि ये अपेक्षाकृत बहुत छोटा होता है।

ख़ुद भी तो एक सामान बन गए थे
अपने अख़ीर दिनों में!
मकान के सबसे छोटे कमरे में
पलँगरी पर लेटे हुए
एक थकी चिड़िया की तरह साँस लेते
एकटक छत ताकते रहते थे तुम
सामान खोने की आदत जो थी तुम्हें
सो एक दिन ख़ुद को ही गुम कर लिया न हमेशा के लिए
जब गुम ही कर लिया तो अब मेरे ख़ाब में क्यों आते हो?
और इतने चुप्पे क्यों हो गए हो?
तुम्हें तो मुझसे बहस-मुबाहिसा करने में मज़ा आता था न?

तुम्हारे क़ब्र की मिट्टी अब धँस गयी है
जगह-जगह नर्म घास उग आयी है
लोग कहते हैं कि अब तुम भी मट्टी हो चुके
गाँव के इसी बूढ़े क़ब्रिस्तान में...
यहाँ फ़ातिहा पढ़ने नहीं, तुमसे बहस करने आया हूँ
तुम्हारी मय्यत को काँधा न दे पाने की अपनी बेचारगी के लिए
मुआफ़ी माँगने आया हूँ
उठो! अख़बार लाया हूँ और तुम्हारा आतिशी-शीशा भी
ऐसे भी नाराज़ होता है कोई!
इस बार दिल्ली से किताबें भी लाया हूँ तुम्हारे लिए
अब्बा सुनो तो!
क़ब्रिस्तान के अहाते में खड़ा ये कर्बला का खंडहर
तुम्हारा भी पुरखा है
उससे तुम्हारी शिकायत कर दूँगा
ख़ुदा के लिए मुझसे बात तो करो...

आसमान का चराग़ बुझ रहा है
आसमान की जाजिम कोई लपेट रहा है
क्या हामला ऊँटनियाँ छुटी फिरने वाली हैं?[1]
क्या जंगली जानवर जमा किये जाने वाले हैं?[2]

1-2. क़ुरआन के सूरह तक्वीर से प्रभावित जिसमें क़यामत के दिन की ख़ौफ़नाक मंज़रकशी है।

तो क्या महशर[1] बपा हुआ चाहता है?
बादल ढँकते चले जा रहे हैं एक-एक रौज़न[2]
आसमान की ओर उठाता हूँ सिर
तुम्हारी क़ब्र के पास आँसुओं में ग़र्क़; बैठा हुआ
देखता हूँ पूरा आकाश ही अब तुम्हारा छाता है
काला छाता
बिना लकड़ी की मूठ वाला
अरे वही, वही काला छाता...

[2019]

1. क़यामत, महाप्रलय
2. सूराख़

क़िब्ला[1]

माँ कभी मस्जिद नहीं गई
कम से कम जब से मैं जानता हूँ माँ को
हालाँकि नमाज़ पढ़ने औरतें
मस्जिदें नहीं जाया करतीं हमारे यहाँ
क्यूँकि मस्जिद ख़ुदा का घर है
और सिर्फ़ मर्दों की इबादतगाह

लेकिन औरतें मिन्नतें-मुरादें माँगने
और ताखा भरने
मस्जिदें जा सकती थीं
लेकिन माँ कभी नहीं गई
शायद उसके पास
मन्नत माँगने के लिए भी
समय न रहा हो
या उसकी कोई मन्नत रही ही नहीं कभी
ये कह पाना मेरे लिए बड़ा ही मुश्किल है

यूँ तो माँ नइहर भी कम ही जा पाती
लेकिन रोज़ देखा है मैंने माँ को
पौ फटने के बाद से ही
देर रात तक
उस अँधेरे-करियाए रसोईघर में

---

1. इस्लामी आस्था का केंद्र है; जिसकी ओर मुँह करके पूरी दुनिया के मुसलमान नमाज़ अदा करते हैं।

काम करते हुए
सब कुछ क़रीने से
सईंतते-सम्हारते-लीपते-बुहारते हुए
जहाँ उजाला भी जाने से
ख़ासा कतराता था

माँ का रोज़ रसोईघर में काम करना
ठीक वैसा ही था
जैसे सूरज का रोज़ निकलना
शायद किसी दिन थका-माँदा सूरज
न भी निकलता
फिर भी माँ
रसोईघर में सुबह-सुबह ही हाज़िरी लगाती

रोज़ धुएँ के बीच अँगीठी-सी
दिन-रात जलती थी माँ
जिस पर पकती थीं गरम रोटियाँ
और हमें निवाला नसीब होता

माँ की दुनिया में चिड़ियाँ, पहाड़, नदियाँ
अख़बार और छुट्टियाँ
बिल्कुल नहीं थे
उसकी दुनिया में तो
चौका-बेलन, सूप, खरल, ओखरी और जाँता थे
जूठन से बजबजाती बाल्टी थी
जली उँगलियाँ थीं, फटी बिवाई थी
उसकी दुनिया में फूल और इत्र की ख़ुश्बू
लगभग नदारद थे
बल्कि उसके पास तो
कभी न सूखने वाला
टप्-टप्...चूता पसीना था
उसकी तेज़ गंध थी
जिससे मैं माँ को अक्सर पहचानता

ख़ाली वक़्तों में माँ चावल बीनती
और गीत गुनगुनाती—
“लेले अइहऽ बालम बजरिया से चुनरी”
और हम, “कुच्छु चाहीं, कुच्छु चाहीं...” रटते रहते
माँ डिब्बे टटोलती
कभी खोवा, कभी गुड़, कभी मलीदा
कभी मेथउरा, कभी तिलवा और कभी जनेरे की दरी लाकर देती

एक दिन चावल बीनते-बीनते
माँ की आँखें पथरा गईं
ज़मीन पर देर तक काम करते-करते
उसके पाँव में गठिया हो गया
माँ फिर भी एक टाँग पर खटती रही
बहनों की रोज़ बढ़ती उम्र से हल्कान
रोज़ पाँच बार सिर पटकती ख़ुदा के सामने

माँ के लिए दुनिया में क्यों नहीं लिखा गया
अब तक कोई मर्सिया, कोई नौहा?
मेरी माँ का ख़ुदा इतना निर्दयी क्यों है?
माँ के श्रम की क़ीमत
कब मिलेगी आख़िर इस दुनिया में?
मेरी माँ की उम्र
क्या कोई सरकार, किसी मुल्क का आईन
वापिस कर सकता है?
मेरी माँ के खोए स्वप्न
क्या कोई उसकी आँख में
ठीक उसी जगह
फिर रख सकता है
जहाँ वे थे?

माँ यूँ तो कभी मक्का नहीं गई
वो जाना चाहती थी भी या नहीं
ये कभी मैं उससे पूछ न सका
लेकिन मैं इतना भरोसे के साथ कह सकता हूँ

कि माँ और उसके जैसी तमाम औरतों का क़िब्ला
मक्के में नहीं
रसोईघर में था...

[2017]

आँख

मेरी बूढ़ी माँ को
मोतियाबिन्द की शिकायत है
लेकिन उसकी आँखें
अँधेरे में भी देख लेती हैं

जब मैं लेटता हूँ उसकी बग़ल में
तो वो मुझे टटोलती है
जैसे ढूँढ़ रही हो अपनी कोई खोई हुई चीज़
और बिना कहे जान लेती है
कि मेरे पेट में दर्द है या सिर में थोड़ा बुख़ार
मुझे पहचानने के लिए
वो कोई चश्मा भी नहीं लगाती
बस टो कर ही समझ लेती है
कि मैं हूँ

सब कहते हैं
कि मेरी माँ अंधी है
लेकिन मैं कहता हूँ
कि हम सब अंधे हैं
केवल माँ को छोड़कर

माँ ने तो अपने हाथों में आँखें उगा ली हैं
और हम सब अपनी आँख
कहीं रखकर भूल गए हैं...

[2015]

वो एक दुनिया थी

वो एक दुनिया थी
जिसमें हम थे, तुम थे
(और था बहुत कुछ)
एक फूटा गुम्बद, एक चाक़ू
एक पान का पत्ता, एक ज़रा-सी ओट
एक नेमतख़ाना, एक बिंदी
एक चश्मा
और एक माचिस की डिबिया थी...

एक उदास धुन हुआ करती थी
हमारे भीतर
जिसे हम खटिया के पायों से लगकर सुनते
रेडियो पर समाचार का वक़्त होता
लालटेन का शीशा चटख़ा हुआ मिलता
हम नुजूमी की तरह
तारों से लगे होते
माँ रोटियाँ बनाती
सेनी में अचानक कूद जाती बिल्ली
माँ उसे चीख़कर भगाती
उसकी चीख़ उसके अन्दर देर तक गूँजती, काँपती
और ओझल हो जाती
(वो बाहर कम चीख़ पाती)
बाँध की लूड़ी, अचानक गिरकर खुल जाती
दूर तक भागती
(जिससे चारपाई बुननी होती)
हम उसे लपेटते

(मैं और बहन)
गेंहुवन की आँखें ओसारे में चमकतीं
अँधेरे से हम ख़ौफ़ खाते
हम लूड़ी जल्दी-जल्दी बनाते
और चारपाई की ओड़चन कसते-कसते
अपनी कमर खोल बैठते...

एक काग़ज़ की गेंद उछलती हुई आती
हमारे ठीक पास
हम उसे देखकर ख़ुश हो जाते
माँ रोटियाँ बनाती
मेरी फटी कमीज़ से एक गंध आती
मैं घबरा जाता!
चिड़िया की चोंच-सी
चुभन होती सीने में
मैं घबरा जाता!
शमा की लौ गुल कर बैठता
माँ ग़ुस्सा करती
मैं घबरा जाता!
मैं फिर से हिसाब लगाने लगता
माँ मुस्कुराती
एक चमक होती उसकी आँखों में
शाम की स्लेटी चमक-सी
जिसमें धुआँ नहीं होता

अब्बा कहते—
भण्डारकोण से उठ गए हैं करिया बादल
दहाड़ते हुए वे आ ही जाते
और बरस पड़ते
सब कुछ धुल-पुँछ जाता

वो एक दुनिया थी
अब माँ की गोद में भी
माँ की बहुत याद आती है।

[2018]

बरसात और गाँव

आज रात-भर होगी बारिश
आज रात-भर होगी बारिश
आज रात-भर होगी बारिश...
और मेरी स्मृति में
कोई छप्परनुमा मकान टपकेगा
टप्-टप्-टप्...

हम मुक्कियों में ईंट की अधकूड़ी टुक्कियाँ भरेंगे
और खिड़कियों पर पीली पन्नियाँ
कस-कस के बाँधेंगे
बारिश का पानी
हमें रात-भर भयभीत करेगा
बिजली की कड़कती आवाज़ से हम
रात-भर काँपेंगे
और उकड़ूँ बैठे रहेंगे...

इस तरह ठिठुरते और सिकुड़ते हुए
पूरी रात कटेगी
और हम सोचेंगे कि अगली बरसात तक
इस कमरे को
किस तरह रहने लायक़ बना दें।

[2016]

स्वप्नकथा

1

घर एक सूखा पत्ता है
जो रात-भर खड़खड़ाता है मेरे सिरहाने...

पत्ते से निकलती है एक बिल्ली
सारे रास्ते काटती
कूद जाती है कुएँ में
पत्ते से निकलता है साँप
और निगल जाता है मेढक को
पत्ते से निकलती है भीत
जिस पर चिपकी होती है उजली छिपकली
पत्ते से निकलता है एक फ़िलिप्स का पुराना रेडियो
जिस पर चलती हैं ख़बरें बर्रे-सग़ीर की और आलम की
और के.एल. सहगल का कोई गीत
या बेगम अख़्तर की पाटदार आवाज़
पत्ते से निकलता है चूहा
किताबें और रिसाले कुतरता, गिरता है पटनी से
पत्ते से निकलती है टॉर्च
और गिरती है सिरहाने से बार-बार...

ठेंगुरी टेकते चलती है एक आदमक़द छाया
दिन-भर का थका सूरज
चुपके से घुस जाता है जर्जर चमड़े के जूते में
जंगले पर रखी ढिबरी की रौशनी में
झिलमिल होती हैं खनकती चूड़ियाँ

ओसारे में बजते हैं
पायल के थके घुँघरू
शरीर में अचानक कड़कती है बिजली
और हाथ से गिरता है पानी का गिलास
जो डगरता हुआ धँसता चला जाता है
कितनी-कितनी नींदों के भीतर...

मेरी हथेली को भाँचती हैं एक जोड़ी बूढ़ी हथेलियाँ
पूछती हैं, "आओगे नहीं इलाहाबाद या उसके पार, जहाँ हूँ?"
मैं कातर नज़रों से देखता हूँ दाढ़ी में छुपा बाबा का चेहरा
जिसे जागकर कभी नहीं देख पाऊँगा...

घड़ी की सुई की आवाज़ के साथ
काँपता हूँ उस भयानक सन्नाटे में
तब तक टनकता है अलार्म और टूटती है बरसों की नींद
और हत्यारा सूरज
गिरता है, सौ मन के भारी पत्थर की तरह
मेरे सिर के भीतर...

2

एक अड़हुल का फूल अपनी शाख़ से निकलकर
बढ़ रहा है मुलायम हथेलियों की जानिब
कनेर के फूल से भरी टोकरी
चढ़ रही है मंदिर की पथरीली सीढ़ियाँ
मुँह-अँधेरे बरबराता-चुरमुराता हुआ
खुल रहा है
नन्हे नमाज़ी के लिए
घर का बूढ़ा फाटक...

मिट्टी में खुरपी से रोपा जा रहा है लौकी का बीज
चाय की कटोरी में झाँक रही है सोंधी सुबह
पानी से भरे गिलास में घुल रहा है बताशे का सिक्का
नन्हे दामन में हुलस रही हैं नीम की पकी निंबौलियाँ

एक मेढक टर्राता हुआ उछलता
चढ़ आया है गीले पाँव पर
झींगुरों का सामूहिक गान साँझ से ही चालू है...
पोखर में डूब रही है धीरे-धीरे एक थपुए की चिप्पी...
बारिश में हुमक-हुमक कर तैर रही है—
एक रंगीन काग़ज़ की छोटी-सी नाव
एक तितली सरसों के खेतों से बतियाती निकल रही है
झमाझम होती बारिश में रो रहा है एक बच्चा
हिल-डुल चारपाई में ठुक रहा है बाँस का पाँचर
कसी जा रही है उसकी ओड़चन
दोपहर में बाज़ार से
सफ़ेद रुमाल में बँधे
चले आ रहे हैं ललगुदिया अमरूद
दर्ज़ी ले रहा है उरेबी गंजी की माप...

रात के अँधेरे में
बदन पर फिर रहे हैं जाने-पहचाने हाथ
काजल में रची आँखों से
गिर रही हैं आँसू की मोटी-मोटी बूँदें
रात में शामिल है एक और रात का रोमांच
सीने में चाकू की तरह धँसी है एक जलती हुई बात
भिनास फटने से बहता जा रहा है नाक से ख़ून
झुटपुटे के वक़्त दरवाज़े पर
फन काढ़े बैठा है तमतमाया गेंहुवन
धँस रहा है नींद में बिच्छुओं का तना हुआ डंक...

एक बच्ची की चीख़ से झड़ रहे हैं घर के पलस्तर
और काँप रही है दीवार
सारे इलाज पड़ चुके हैं बेकार...

सीढ़ियों के नीचे के सीले अँधेरों से
निकल रहा है एक चमकीला फूल
जो चढ़ता जा रहा है सीढ़ियाँ
छत से बूँद-बूँद टपक रहा है ख़ून...

बुआ! बुआ! बुआ!
कौन पुकार रहा है इस बेचैन कर देने वाली मीठी आवाज़ में?
कौन है जो दलदल में धँसता चला जा रहा है?
एक परिंदे की चीख़ से काँप उठा है आकाश
पानी! पानी! पानी!
किसकी है ये कातर आवाज़?
उफ़्फ़!
आँखों में भर रही है रेत
हाथों से झर रही है रेत
कौन खड़ा है दरवाज़े के पीछे?
दम घुटने पर भी निकलती क्यों नहीं चीख़?

यूँ स्मृतियों की स्मृतियों में
नींद के नीले पंखों पर, बीतता है
नीला पड़ चुका
लगभग सड़ा हुआ
ठंडा समय...

[2019]

खेला

उसने कहा—बाबू!
और मैं माँव बना, बन-बन चला
उसके पीछू-पीछू...

उसने कहा—कबुत्तर!
और मैं गुटरगूँ-गुटरगूँ करता
धरती-धरती उड़ा, उसे जोहता फिरा...

एक दिन मैं गेंद बना
विस्मृत आँगन में उछल पड़ा
उसने मुझे हर दिशा से भेंटा
और अपनी छोटी-छोटी हथेलियों में कस लिया

उसने मुझे मथा
सिलवट पर पीसा
मेरे भुरभुरे छिलके उतारे
मैं बेल की तरह उससे अँझुराया
मेमने की तरह मिमियाया
बकरियों के थन की तरह मुन्हारे चमका
दानों की तरह भुँजाया, ख़ुद को मकुराया
गायों के जबड़ों से लार की तरह टपका
अचार की तरह गंधाया
ताज़े गुड़ की तरह लसलसाया
साखू की तरह आड़े पड़ा
खूँटे की तरह ज़मीन में गड़ा

ओद खपरैलों पर गोली की तरह डगरा
एक ही समय जवान हुआ और बुढ़ाया
दिन जाने कैसे बिताए, रातें जाने कैसे काटीं
बिलाया
पराया
जीवन को खेल गया...

[2019]

गिनती

मैं एक पंक्ति लिख सकता हूँ उस कबूतर पर, जो मेरे छज्जे पर रोज़
गुटगुटाता था
मैं दो पंक्तियाँ लिख सकता हूँ उस पीली तितली पर, जो बचपन में मुझे
बहुत छकाती थी
मैं तीन पंक्तियाँ लिख सकता हूँ उस बिल्ली पर, जिसे टुनकी कहता था और
उसे दूध पिलाता था
मैं चार पंक्तियाँ लिख सकता हूँ उस तोते पर, जो मुझे ज़ख़्मी हालत में घर
के पिछवाड़े, झाड़ियों में मिला था
मैं पाँच पंक्तियाँ लिख सकता हूँ उस नन्हे हरे टिड्डे पर, जो हर रात मेरी
नोटबुक पर छलांगें मारता था
मैं छह पंक्तियाँ लिख सकता हूँ उस कव्वे पर, जिसकी काँव-काँव कानों
को तब अखरती थी लेकिन अब उसकी याद आती है
मैं सात पंक्तियाँ लिख सकता हूँ उन साखू और शीशम के दरख़्तों पर, जिनसे
गुलेल बनाता था
मैं आठ पंक्तियाँ लिख सकता हूँ उस तूँत के दरख़्त पर, जिसे दोपहरी में
झिंझोड़कर नींद से जगाता था
मैं नौ पंक्तियाँ लिख सकता हूँ उस अमरूद के पेड़ पर, जहाँ मेरा बकरा
मेरी पीठ पर चढ़ जाता था
मैं दस पंक्तियाँ लिख सकता हूँ लाल और काली चींटियों पर, जिन्हें पहरों
देख कर कुछ-कुछ सोचता था
मैं ग्यारह पंक्तियाँ लिख सकता हूँ गेंदे, चमेली, चंपा और कनेर के फूलों
पर, जिन्हें जेब में रखकर गाहे-बगाहे सूँघता था
मैं बारह पंक्तियाँ लिख सकता हूँ लौकी की लतर और उसके बेहद मुलायम
पत्तों पर, जिससे अपने गाल रगड़ता था
मैं तेरह पंक्तियाँ लिख सकता हूँ बिच्छुओं और गेंहुवनों पर, जिनका ख़याल
भी मुझे कँपाता था

मैं चौदह पंक्तियाँ लिख सकता हूँ उस गाय के बछड़े पर, जो मज़े में सुबह-
शाम अपनी माँ का थन चूसा करता था
मैं पंद्रह पंक्तियाँ लिख सकता हूँ उस साइकिल और पतंग पर, जिन्हें जतन
से मकाता-उड़ाता था

गोया मैं इस गिनती को अनंत तक लिखना चाहता हूँ
लेकिन फ़िलहाल इस गिनती को अब तुम गिनो मेरे बच्चे!

[2019]

मेरे ज़ख़्मों पर महुवे की तरह

मेरे ज़ख़्मों पर महुवे की तरह टपक पड़ो
इस काली-सफ़ेद रात में
मेरी चोटों पर पानी की तरह ठहरो
और फिसल जाओ
और चींटियों की तरह गुदगुदाओ
मेरे पास आओ!
मेरे पास आओ!

मेरे नीले होंठों पर अपनी मुहर लगाओ
और मुझे भींच लो
कि इस पृथ्वी पर
बहुत कम समय बचा है अब
यहाँ प्यार एक जघन्य अपराध है
और सारी दिशाएँ मुख़बिरी को तैयार

मेरी दोस्त!
मुझे प्यार करो
कि मैं झूम-झूम गाऊँ
और ख़ुशी से
तुम्हारी गोद् में मर जाऊँ...

[2018]

ढिबरी

ये बात है उन दिनों की
जब रात का अँधेरा एक सच्चाई होता था
और रौशनी के लिए सीमित साधन ही मौजूद थे मेरे गाँव में
जिसमें सबसे इज़्ज़तदार हैसियत होती थी लालटेन की
जिसे साँझ होते ही पोंछा जाता
और उसके शीशे चमकाए जाते
हर रोज़ राजा बेटा की तरह माँ और बहनें तैयार करती थीं उसे
लेकिन मुझे तो वो बिल्कुल मुखिया लगता था
शाम को, घर के अँधेरों का

लालटेन, प्रायः घरों में एक या दो ही होते थे
जिन्हें प्रायः
अन्हरकूप घरों की इज़्ज़त रखने वाली जगहों पर ही
बारा जाता था
मसलन, बैठके में या फिर रसोईघर में

कभी-कभी तेल चुक जाने पर हम ढिबरी के प्रकाश में पढ़ते
मुझे आती थी हाजमोले की शीशी से ढिबरी बनानी
एक छेद टेकुरी से उसके ढक्कन में
फिर बाती पिरो कर तेल भरना होता था बस

ढिबरी जलने से करिया जाता था ताखा
जिसे सुबह गीले कपड़े से पोंछना पड़ता था
ढिबरी का प्रकाश बहुत मद्धिम होता था
आँखों पर बहुत ज़ोर पड़ता था पढ़ने में
ढिबरी को यहाँ-वहाँ ले जाने में

उसके बुझने का धड़का भी बराबर लगा रहता था
उसके लिए ज़रूरत होती थी
सधी हथेलियों और सधे क़दमों के ख़ूबसूरत मेल की

अब इस नई दुनिया में
जहाँ ढिबरी एक आदिम युग की बात लगती है
मैं जब याद करता हूँ अपना अँधेरा बचपन
जहाँ अब भी बिजली नहीं पहुँचती
और न ही काम आती है कोई ज़ोरदार टॉर्च
तो आज भी उसी नन्ही ढिबरी से रौशन होता है
वो पुराना ठहरा समय
जहाँ एक ढिबरी अब भी लुढ़की पड़ी है
जिसका तेल
बरामदे के कच्चे फ़र्श पर फैल रहा है...

[2019]

कुआँ

कुएँ की चक्करदार दीवारों पर
अतीत के दृश्य लटक गए हैं
जिस लट्ठे पर मुरचाई घड़ारी टँगी है
वो अब कुछ और काली पड़ गई है
और नीचे की ओर झुक आई है
बोझ से...
कुँए की अन्दरूनी दीवारों पर
गहरी हरी काई की एक मोटी परत
जम गई है
जगत भी अब काफ़ी जर्जर हो चला है
ये कुआँ जिसे पुरखों ने खुदवाया था
अब इस्तेमाल में नहीं आता
बस बरसात में इसमें ढेर सारे मेढक टर्राते हैं

गर्मियों की चाँदनी रातों में
कुआँ अपनी कथा सुनाता है...

जब मैं कुएँ में झाँकता हूँ
वो पलटकर मुझमें झाँकता है
फिर हम दोनों
काफ़ी देर तक चुप रहते हैं...

[2017]

वसन्त

मन विस्मित है
फूल खिले हैं बाग़ों में
या पीड़ा ने
भेस बदला है...

[2018]

मग़रिब[1]

मुअज़्ज़िन की काँपती आवाज़ में
धुल गई शाम की बोझिल क़बा
मस्जिद की मीनार
कुछ और ऊपर उठती हुई
मवेशी लौट आए अपने-अपने खूँटों पर
लालटेनों के शीशे
पोंछ कर साफ़ किये जाने लगे
झुर-झुर बहने लगी पुरवइया
सिलवट से उठकर मसाले की गंध
घर-भर में फैल गई
सूँ-सूँ कर जलने लगीं कुछ गीली लकड़ियाँ
चूल्हों पर देगचियाँ चढ़ने लगीं
और खदबद-खदबद कुछ पकने लगा
मवेशियों के खूँटों से उठता धुआँ
पूरे माहौल में फैल गया...

रफ़्तार ने ली एक झपकी
मग़रिब की नमाज़ का वक़्त हो चुका।

[2017]

1. सूरज डूबते ही अदा की जाने वाली नमाज़ का समय, मुअज़्ज़िन : मस्जिद में अज़ान देने वाला।

एक नीरस शाम की सिम्फ़नी

एक नीरस शाम की सिम्फ़नी बज रही है जैसे
अँधियाला, जूँ बिहान का धोखा दे रहा है
लगता है, बिहँसी है रात

डँकर रही हैं गायें
उनके खुरों में युगों पुरानी कीच
सिसक रही है
अब्बा एस्बेस्टस की छत को एकटक ताक रहे हैं
उनकी घुर्ची दाढ़ी में जम रही है गर्द
आज ख़राब मौसम होने की वजह से
बन्द पड़ा है रेडियो
बग़ल की छत; जिस पर उपले की बड़ी गदबदी बिंदियाँ
अभी कुछ देर पहले तक सजी थीं
बारिश में घुलकर बह रही हैं
जिसे अभी-अभी एक स्त्री पाथ गई थी

उपले में दबी कहीं कराह में बदल गया है
उसकी चूड़ियों का थका संगीत...
उसकी जीवटता और पसीने से सनी
उसकी देह की ताज़ी गंध
अभी भी आ रही है
हर झटास के साथ...

ऊपर पिघल रहा है आकाश
नीचे खदक रही है पृथ्वी

—और पीछे से
बस्ती के पर्दे को चीरती हुई
चली आ रही है
अज़ान की धुँधली आवाज़।

[2018]

उपस्थिति

1

जहाँ जीवन की थीं अनंत इच्छाएँ
वहीं जड़ों में बिखरा था
मृत्यु का अन्धकार...

2

आत्मा के सुनसान अँधेरों तक
पहुँचती हैं
तुम्हारी प्रार्थनाएँ
आर्तनाद
और सुगंध...

[2018]

एक स्त्री की हत्या में शामिल हूँ

कुर्सियाँ उलटी पड़ी हैं
तंदूर बुझ चुका है
आस-पास पानी गिरने से
ज़मीन काफ़ी हँचाड़ हो गई है

पत्तलों के ऊढ़े लगे हुए हैं
जगह-जगह डिस्पोज़ेबल गिलास और दोने बिखरे हुए हैं
कुत्ते पत्तल चाटते-चाटते थक गए हैं
और अब खेल कर रहे हैं

तम्बू और शामियाने अब उजाड़े जा रहे हैं
चमकदार पर्दे और रॉड उतारे जा रहे हैं

शाम को यहाँ शादी के भोज का एहतमाम था
शाम को यहाँ बत्तियों की जगरमगर थी
आदमी-बूढ़े-जवान और बच्चियों की चहल-पहल थी
शाम को यहाँ एक नशा-सा था फ़ज़ा में
एक उत्साह, एक उत्सव का माहौल

अब कनिया की बिदाई हो रही है
माहौल में एक अजीब उजाड़-सा है
कुछ स्त्रियों का सामूहिक दिखावटी विलाप चल रहा है
कनिया रस्मन रोकर चुप हो गई है
वधू पक्ष के लोग जहेज़ का सामान
और झपोलियाँ लदवा रहे हैं
सबके पास कोई न कोई काम है

कन्या का पिता बाहर रसोइए की चौकी पर बैठा है
उसकी आँखों में तसल्ली और दु:ख दोनों की रेखाएँ मौजूद हैं

कन्या को दूल्हे की सजी-धजी गाड़ी में अब बिठाया जा रहा है
वो फिर से बिलख रही है
सब उसे सांत्वना दिला रहे हैं

इस वक़्त कन्या के मन में क्या चल रहा है
ये तो शायद वो भी नहीं जानती
आज जिस पुरुष की वह स्त्री मान ली गई है
उसे बिल्कुल भी नहीं जानती
आज उस स्त्री के प्रथम सहवास का दिन है
आज ही एक पुरुष ने उसे बड़ी धूमधाम से ख़रीद लिया है
आज ही उसकी हत्या होगी
लेकिन आज ही उसका एक नए घर में पुनर्जन्म भी होगा
नया सजा-धजा घर
नया शरीर
नए हाव-भाव
नई हँसी
इतनी नई कि कुछ दिनों में ही भूल जाएगी
अपना पिछला जन्म
उस प्रेमी का चेहरा भी
जिसे उसने अपने सीने के तहख़ाने में छुपा दिया था
पिता के घर की देहरी लाँघने के बाद ही

कुछ समय बाद वो शायद माँ बनेगी
वंश वृद्धि करेगी
अपनी औलाद को चूमेगी और ढूँढ़ेगी उसमें अपने प्रेमी का खोया चेहरा
लेकिन ऐसा शायद कभी-कभी ही होगा...
मैं ये वाक़या इसलिए बयान कर रहा हूँ
क्योंकि इन सारी चीज़ों का मैं भी एक गवाह हूँ
क्योंकि मैं भी उस स्त्री की हत्या में शामिल हूँ।

[2019]

विस्मृत प्रेम

कहाँ हो तुम आजकल?
हालाँकि तेरह साल गुज़र गए उस बात को
एक वाहियात वक़्त
जो वाहियात-सी चीज़ों में ही सर्फ़ हुआ
अब भी पीछा करता है हमारा
अक्सर शामों में
लैम्प पोस्टों की पीली रौशनी से धुली सड़कों पर
हम लड़खड़ाते हैं
और बमुश्किल सँभालते हैं
अपने आप को
जैसे तेज़ अन्धड़-तूफ़ानों में
भरकने के लिए
छत पर रखी
सरसों से भरी सेनी सँभालते थे
अपने छुटपने में
मुझे नामालूम ऐसा क्यूँ लगता है
कि तुम अब भी
उसी हालत में
उसी सुस्त मदरसे में पढ़ती होगी
जिसे मैंने एक दिन
ज़िद में छोड़ दिया था
मैं बारह साल का छोकरा
चोरी-चोरी
साइकिल चलाने की मश्क़ कर रहा हूँ
आज भी उस मैदान में
जो अब नहीं रहा

तुम्हारा गाँव, इतना दूर तो न था पहले कभी?
कहो!
मैं मौजूद हूँ, तुम कहो!
इस बार मैं सिर निहुड़ाए नहीं गुज़रूँगा
तुम कहो!
मुझे निहायत शर्मिंदा कर दो आज
और गरेबान चाक कर डालो मेरा
इसी शाम के धुँधलके में!
तुम कहो!
तुम्हारा गाँव, इतना दूर तो न था पहले कभी!

तुम्हारी गायें
क्या अब भी वैसे ही रँभाती हैं
गोबरों से लिथड़े अपने खुरों को पटकती हुई?
तुम्हारी सहेली के कान से
क्या अब भी मवाद जैसा कुछ बहता है?
तुम्हारी खपरैली दाँतों की उजली मुस्कान
क्या अब भी
उतनी ही नशीली है?
क्या तुम्हारे बाल, अब भी उतने ही छोटे हैं?
क्या मैं अब भी कभी-कभी
याद हो आता हूँ तुम्हें?
कहो!
बोलो!
कुछ बोलती क्यूँ नहीं तुम?
कमबख़्त!
अरी सख़्तजान!

[2017]

चमकती कटार

अब नींद में मुलायम संगीत नहीं
है एक सुबुक आवाज़ की
फैलती स्याही
एक धुंध का साम्राज्य है चारों तरफ़
जहाँ नमक की बोरियों से
रिसता रहता है ख़ून...

आधी रात को अलला रहे हैं मवेशी
दुआर के दरवाज़े की कुंडी
डोल रही है लगातार
धीरे-धीरे बिखर रही हैं सूखी पत्तियाँ
कुँए की पुतलियों में झिलमिला रही है राख

कोई बेचैनी से बार-बार उठता है बिछावन से
एक बीड़ी जलाता है
और गश्त देता रहता है दुआर पर

रोज़ की तरह आकाश में खिलता है चाँद
लेकिन बच्चे
अँजोरिया-अन्हरिया खेलना भूल जाते हैं
दादियों की कहानियों के स्वप्न-वृक्षों से चिड़ियाँ
एक के बाद एक
उड़ती रहती हैं...

क्या बात है कि सईं-साँझ
सो जाने वाली मेरी बस्ती के लोग

अब देर तक जागने लगे हैं
कोई कुछ नहीं बोलता
सब चुपचाप रेडियो सुनते हैं...

पड़ोस की बुढ़िया माई
रात-बिरात उठकर खोजती है
अपनी भुकभुकिया टॉर्च

अब बस्ती में, मच्छरदानी में सोए लोग
बार-बार चौंककर जगते हैं
हर आहट पर कान धरते हैं
क्यूँकि अब नींद के झीने पर्दे में
पैवस्त है
हत्यारे की चमकती कटार।

[2017]

मैं बस अपना घर ढूँढ़ रहा हूँ

ये मेरा घर है
जहाँ रात के ढाई बजे मैं
खिड़की के क़रीब
लैम्प की नीम-रौशनी में बैठा
कविता लिख रहा हूँ
जहाँ पड़ोस में लछन बो
अपने बच्चों को पीटकर सो रही है
और रामचनर
अब बँसखट पर ओठंग चुका है
अपनी मेहरारू-पतोहू को
दिन-भर दुवार पर उकड़ूँ बैठकर
भद्दी गालियाँ देने के बाद

जहाँ बाँस के सूखे पत्तों की
खड़-खड़
आवाज़ें आ रही हैं
जहाँ एक कुतिया के फेंकरने की आवाज़
दूर से आती
सुनाई पड़ रही है
जहाँ पड़ोस के खंडहर होते मकान से
भकसावन-सी गंध उठ रही है
जहाँ अनार के झाड़ में फँसी
पन्नी के फड़फड़ाने की आवाज़
रह-रहकर सुनाई दे रही है
जहाँ पुआल के बोझों में

कुछ-कुछ हिलने का आभास हो रहा है
जहाँ बैलों के गले में बँधी घंटियाँ
धीमे-धीमे स्वर में बज रही हैं
जहाँ बकरियों के पेशाब की
खराइन गंध आ रही है
जहाँ अब्बा के तेज़ खर्राटे
रात की निविड़ता में
ख़लल पैदा कर रहे हैं
जहाँ माँ
उबले आलू की तरह
खटिया पर सुस्ता रही है
जहाँ बहनें
सुन्दर शहज़ादों के स्वप्न देख रही हैं...
अचानक यह क्या?
चुटकियों में पूरा दृश्य बदल गया
मेरे पेट में तेज़ मरोड़ उठ रहा है
और मेरी आँखें तेज़ रौशनी से चुँधिया रही हैं
तोपों की गरजती आवाज़ों से मेरे घर की दीवारें थर्रा रही हैं
और मेरे कान से ख़ून बह रहा है
अब मेरा घर
किसी फ़लस्तीन और सीरिया और इराक़
और अफ़ग़ानिस्तान का
कोई चौराहा बन चुका है
जहाँ हर मिनट एक बम फूट रहा है

अब आसमान से राख झड़ रही है
दृश्य बदल चुका है
लोबान की तेज़ गंध आ रही है
अब मेरा घर
उन उदास-उदास बहनों की डहकती आवाज़ों
और सिसकियों से भर चुका है
जिनके बेरोज़गार भाई
पिछले दंगों में मार दिए गए

मैं अपनी कुर्सी में धँसा
देख रहा हूँ दृश्य को फिर बदलते हुए
क्या आप यक़ीन करेंगे?
जंगलों से घिरा गाँव
जहाँ स्वप्न और मीठी नींद को
मज़बूत बूटों ने
हमेशा के लिए कुचल दिया है
जहाँ बलात्कृत स्त्रियों की चीख़ें भरी पड़ी हैं
जिन्हें भयानक जंगलों या बीहड़ वीरानों में नहीं
बल्कि पुलिस-स्टेशनों में नंगा किया गया

मेरा यक़ीन कीजिए
दृश्य फिर बदल चुका है
आइए मेरी बग़ल में खड़े होकर देखिए
उस पेड़ से एक किसान की लाश लटक रही है
जो क़र्ज़ में गले तक डूब चुका था
उसके पाँव में पिछली सदी की धूल
अब तक चिपकी है
जिसे साफ़-साफ़ देखा जा सकता है
बिना मोटे चश्मों के

मेरा यक़ीन कीजिए
हर क्षण एक नया दृश्य उपस्थित हो रहा है
और मेरे आस-पास का भूगोल तेज़ी से बदल रहा है
जिसके बीच
मैं बस अपना घर ढूँढ़ रहा हूँ।

[2017]

बँसवाड़

गाँव की गर्मियों में
सब छत पर सोते
केवल माँ को छोड़कर
क्यूँकि उसे
घर की रखवारी करनी होती थी

छत पर सबके बँसखट बिछ जाते;
शाम होते-होते
और रात होते ही सब खा-पीकर पड़ रहते
अपनी-अपनी तयशुदा जगहों पर

देर रात जब मेरी नींद खुलती
मैं देखता सभी को, गहरी नींद में सोते हुए
और दूर झुरमुट में खड़े बाँसों को झूलते हुए...

मुझे बँसवाड़ को देखकर लगता
मानो ये बाँस नहीं स्त्रियाँ हैं
जो आधी नींद में खड़े-खड़े ऊँघ रही हैं
जैसे लगातार काम करते हुए
ऊँघती थी माँ।

[2017]

शहर की सुबह

शहर खुलता है रोज़ाना
किसी पुराने सन्दूक-सा नहीं
किसी बच्चे की नरम मुट्ठियों-सा नहीं
बल्कि वो खुलता है सूरज की असंख्य रौशन धारों से
जो शहर के बीचो-बीच गोलम्बरों पर गिरती हैं
और फैल जाती हैं उन तारीक गलियों तक
जहाँ तक जाने में एक शरीफ़ आदमी कतराता है
लेकिन जहाँ कुत्ते और सुअर बेधड़क घुसे चले जाते हैं

शहर खुलता है मज़दूरों की क़तारों से;
जो लेबर-चौकों को आरास्ता करते हैं
शहर खुलता है एक शराबी की उनींदी आँखों में
नौकरी-पेशा लड़कियों की धनक से खुलता है
शहर गाजे-बाजे और लाल बत्तियों की परेडों से नहीं
बल्कि रिक्शे की ट्रिंग-ट्रिंग
और दूध के कनस्तरों की उठा-पटक से खुलता है
शहर रेलयात्रियों के आगमन से खुलता है
उनकी आँखों में बसी थकान से खुलता है

शहर खुलता है खंडहरों में टपकी ओस से
जहाँ प्रेमी-युगल पाते हैं थोड़ी-सी शरण
शहर खुलता है गंदे सीवरों में उतरते आदमीनुमा मज़दूर से
शहर भिखमंगों के कासे में खुलता है;
पहले सिक्के की खनक से
शहर खुलता है एक नए षड्यंत्र से
जो सफ़ेदपोशों की गुप्त बैठकों में आकार लेता है

शहर खुलता है एक मृतक से
जो इस लोकतंत्र में बेनाम लाश की तरह
शहर के अँधेरों में पड़ा होता है

शहर खुलता है गुटखे और पान की थूकों से
उबलती चाय की गंध से

शहर खुलता है एक कवि की धुएँ से भरी आँखों में
जिसमें एक स्वप्न की चिता
अभी-अभी जलकर राख हुई होती है...

[2019]

ठिठुरते लैम्प पोस्ट

वे चाहते तो सीधे भी खड़े रह सकते थे
लेकिन आदमियों की बस्ती में रहते हुए
उन्होंने सीख ली थी अतिशय विनम्रता
और झुक गए थे सड़कों पर

आदमियों के पास, उन्हें देखने के अलग-अलग नज़रिए थे :
मसलन, किसी को वे लगते थे बिल्कुल संत सरीखे;
दृढ़ और एक टाँग पर योग मुद्रा में खड़े
किसी को वे शहंशाह के इस्तक़बाल में;
क़तारबन्द खड़े सिपाहियों से लगते थे
किसी को विशाल पक्षियों से;
जो लम्बी उड़ान के बाद थककर सुस्ता रहे थे...
लेकिन एक बच्चे को वे लगते थे उस बुढ़िया से
जिसकी अठन्नी गिरकर खो गई थी; जिसे वो ढूँढ़ रही थी
जबकि किसी को वे सड़क के दिल में धँसे
सलीब की तरह लगते थे

आदमियों की दुनिया में वे रहस्य की तरह थे
वे काली ख़ूनी रातों के गवाह थे
शराबियों की मोटी पेशाब की धार और उल्टियों के भी

जिस दिन हमारे भीतर
लगातार चलती रही रेत की आँधी

जिसमें बनते और मिटते रहे
कई धूसर शहर
उस रोज़ मैंने देखा
ख़ौफ़नाक चीख़ती सड़कों पर
झुके हुए थे
बुझे हुए
ठिठुरते लैम्प पोस्ट...

[2018]

एक प्राचीन दुर्ग की सैर

प्राचीनता ही दरअसल इसकी सुन्दरता है
समय
दुर्ग की दीवारों, गुम्बदों, बुर्जों और स्तम्भों पर
गाढ़े ख़ून की मानिंद
जम चुका है

सैलानियों की आवाजाही से आक्रांत
लेकिन उजाड़
फिर भी उजाड़
मैं अवाक् खड़ा देख रहा हूँ
सूर्य को गुम्बदों से टकराकर
नींव में छिटककर गिरते हुए
पसीने से लथपथ बादलों को
भय से थरथर काँपते हुए

लो!
तेज़ बारिश शुरू हो गई
मैं झरोखे की ओट से देख रहा हूँ
बारिश की हर बूँद के साथ
एक सैलानी को कम होते हुए
थोड़ी देर बाद
दुर्ग में मैं
बिल्कुल अकेला हूँ

दुर्ग की मज़बूत दीवारों से पानी
तेज़ी से फिसल रहा है

और धीरे-धीरे
नींव की शिनाख़्त में मशग़ूल हो रहा है
जहाँ पत्थर चिटक रहे हैं
और उनसे रक्त रिस रहा है
सब कुछ भीग रहा है
घुल रहा है
आकार ग्रहण कर रहा है
समय का पहिया पीछे की तरफ़ घूम चुका है
दुर्ग के खंडहर सुगबुगा रहे हैं
और धूल झाड़ते हुए
अपनी अनंत नींद से अब जाग रहे हैं
मैं पसीने से थरथर काँप रहा हूँ

उफ़्फ़!
कितना शोर है यहाँ
कितनी ख़ामोशी
कितनी रंगीनी
कितना वैभव
कितनी विलासिता
कितनी ईर्ष्या
कितनी-कितनी यातनाएँ!

[2017]

पुन्नू मिस्त्री

मेरे कमरे की बाल्कनी से
दिख जाती है
पुन्नू मिस्त्री की दुकान
जहाँ एक घिसी पुरानी मेज़ पर
पुन्नू ख़राब पंखे ठीक करता है

जब सुबह मैं
चाय के साथ अख़बार पढ़ता हूँ
वो पंखे ठीक करता है
और जब मैं शाम की चाय
अपनी बाल्कनी के पास खड़ा होकर पीता हूँ
पुन्नू तब भी पंखे ठीक करता ही दिख जाता है

मुझे नहीं मालूम
कि उसे पंखे ठीक करने के अलावा भी
कोई और काम आता है या नहीं
या उसे किसी और काम में भी
कोई दिलचस्पी होगी

पुन्नू मिस्त्री के कैलेंडर में
कोई इतवार नहीं आता
मुझे नहीं पता
जब से ये कॉलोनी बसी है
तब से पुन्नू पंखे ही ठीक कर रहा है या नहीं
लेकिन फिर भी मुझे
पता नहीं ऐसा क्यूँ लगता है

कि सृष्टि की शुरुआत से ही पुन्नू
ख़राब पंखे ही ठीक कर रहा है...

मेरे पड़ोसी कहते हैं कि पुन्नू एक सरदार है
कोई कल कह रहा था कि पुन्नू एक बोरिंग आदमी है
मुझे नहीं मालूम
कि बाक़ी और लोगों की क्या राय होगी
इस दाढ़ी वाले अधेढ़ पुन्नू मिस्त्री के बारे में
लेकिन मैं कभी-कभी सोचता हूँ
कि कोई दिन मैं अपनी गली भूल जाऊँ
और पुन्नू भी कहीं और चला जाए
तो मैं अपने घर कैसे पहुँचूँगा?
मुझे पुन्नू इस गली का साइनबोर्ड लगता है
जिसका पेंट जगह-जगह से उखड़ गया है
लेकिन फिर भी अपनी जगह पर
वैसे ही गड़ा है
जैसे इसे यहाँ गाड़ा गया होगा

पुन्नू की अहमियत इस गली के लोगों के लिए क्या है
ये शायद मुझे नहीं मालूम
लेकिन मुझे लगता है
कि पुन्नू की दुकान
इस गली की घड़ी है
जो इस गली के मुहाने पर टँगी है।

[2015]

बाबूलाल चौकीदार

एक लगभग वीरान सड़क के किनारे
खड़ा है म्यूटिनी मेमोरियल
अपने स्थापत्य में बेजोड़
कहते हैं कि यहाँ अठारह सौ सत्तावन की जंग में मारे गए
अंग्रेज़ सिपाहियों के सिर-कटे भूत
रात की वीरानी में पहरा देते हैं
एक अजीब क़िस्म की ख़ामोशी है यहाँ
दूर तक सिर्फ़ पेड़ ही पेड़ और आदमी की कोई गंध नहीं
जैसा कि बाबूलाल चौकीदार ने हमें इत्तेला दी
कि यहाँ बहुत कम लोग आते-जाते हैं
नौजवान चौकीदार भरोसे के साथ हमें बतलाता है
कि वो यहाँ सालों से नौकर है
और कैसे मुश्किल है यहाँ दिन-रात काटना
उसकी थकी आँखें उसके पिछले दिनों का
पूरा ब्यौरा पेश करती हैं
हम उससे और भी बातें करते हैं
उसके साथ कविताएँ भी पढ़ते हैं

उसकी आँखें कंचे की तरह चमकती हैं
और वो बिल्कुल नहीं हँसता
वो अपनी लाठी को बार-बार घुमाता है
और किसी गहरी सोच में डूब जाता है
पुलिस और प्रेम के बारे में उसकी राय
लगभग एक जैसी है
कविता के बारे में उसकी कोई राय नहीं
लेकिन सड़क के बारे में उसकी राय काफ़ी जुदा है

वो एक गहरी बेचारगी से कहता है—
"साहब! शुक्र है यहाँ एक सड़क भी है
जिसे देखते हुए ही दिन कट जाते हैं
वरना आदमी पागल हो जाए।"

[2015]

एक मुर्दा मज़दूर का बयान

जिन शानदार नगरों को हमने बनाया
रौशनी से सजाया
हमें उन नगरों के नीम-अँधेरों में रिहाइश मिली
हमने चराग़ बनाए लेकिन औरों के लिए
हमने सुन्दर मकान बनाए जिनके मकीन हम नहीं
कोई और हुआ
हमने क़लम बनाई जिससे और लोगों ने हमारी क़िस्मत लिक्खी
हमने जहाज़ बनाए, मोटरें बनाईं
गो कि हमारा इस्तेमाल
उपयोग की सारी चीज़ें तैयार करने में हुआ
जिनकी पहुँच हमारी जेबों से मज़ीद दूर ही रही
हम धरती की सारी गंदगी को धोते रहे पुश्त-दर-पुश्त
लेकिन हमीं गंदगी में जिया किये
हमने ताले बनाए
जिन्हें हमारे ही मुस्तक़बिलों पर जड़ दिया गया
हमने हीरे तराशे जो सिर्फ़ हाकिमों, अमीरों और सुल्तानों के लिए थे
हमने कुएँ खोदे, नहरें निकालीं
जिनका पानी हम पर ही हराम हुआ
हमने सड़क बनाई
जिस पर माल-असबाब की लदनी से कोठियाँ भरी गईं
और जिसने दुनिया की हर आबादी को एक-दूसरे से जोड़ दिया
लेकिन सद-अफ़सोस कि आज इस वबा के दौर में
हमारा वफ़ादार कोई तो साबित न हुआ
हवाओं ने भी नश्तर बन कर हमारे पस्त सीनों को छलनी किया

वे चमकीली सड़कें भी जो अमूमन घरों तक जाती थीं
हमें दर्दनाक मौत के हादसों तक ले गईं

रेल की पटरियों पर बिखरी हमारी पोटलियों की सूखी रोटियाँ
दरअस्ल हमारी सूखी हड्डियाँ हैं जज साब!

[2020]

मज़ेदार काम

अँधेरे में खड़ा आदमी
हर बार अपराधी ही क्यूँ लगता है?
क्या कोई हर बार ठंड से ही काँपता है?

रोना एक मज़ेदार काम है
और उसे छुपाना
उससे भी मज़ेदार
मसलन :
एक आदमी गाकर छिपाता है अपना रोना
एक आदमी बातें बदलकर
एक आदमी सबसे सुरक्षित कोना खोजता है घर का
क्षण-भर रोने को
वहीं एक दूसरा आदमी भी है
जो बोलता है
हँसता है
खाता है
पीता है
सब में उठता बैठता है
लेकिन अपने भीतर
पछाड़ें खा-खा के रोता है
सिर पीट-पीट कर विलाप करता है
बस कोई देख नहीं पाता
बस किसी को दिखाई नहीं देता।

[2018]

गर्मी का एक दिन

बिजली कटी है
पसीने से तर है देह
ये बिना पेड़ों का जंगल है
नीम की झुरझुराहट का ख़याल
बेवक़ूफ़ी है मियाँ दरवेश!

कई रोज़ हुए
एक कुम्हार से घड़ा मोल लाया था
जब-जब हलक़ से उतरता है ठंडा पानी
एक आवाज़ निकलती है
पानी और गले की रगड़ से
जिसे सुनना एक भूली हुई धुन को
फिर से सुनने की तरह लगता है

घड़े को निहारते हुए गर्मी कम मालूम देती है
दिन-भर में सैकड़ों दफ़े इसे देखता हूँ
और शुक्रिया कहता हूँ, उन हाथों को
जिनसे इस घड़े ने तख़्लीक़ पाई
इसकी गोलाई को भी अक्सर छू लेता हूँ
अकेला रहता हूँ
सो कभी-कभी अपने घड़े से
गुफ़्तगू भी कर लेता हूँ
कभी ढक्कन हटाकर भीतर झाँकता हूँ
माँ की शक्ल पानी के आईने में हिलती है
पानी की गंध : माँ की गंध लगती है

तब अपने घड़े को गोद में भरकर
ख़ूब दुलारता हूँ

लेकिन अचानक एक अजीब आवाज़
कानों पर कोड़े की तरह बरसती है :
ये आवाज़ जेनेरेटर की है या राइफ़ल की
इस ख़तरनाक समय में
अन्तर कर पाना
अब उतना आसान नहीं रहा दरवेश...

[2018]

एक और दिन

एक और दिन
बिस्तर में
केंचुए-सा पड़े-पड़े
पिछले दिनों जैसे ही
बीत गया
बर्तन पड़े हैं
कपड़े टँगे हैं
किताबें दीवालों पर
कान धरे
दरवाज़ा खड़ा है
दरबान बने
टूटे हाथों से दरीचे
झूल रहे हैं
सब मुझे अब थोड़ा-थोड़ा
भूल रहे हैं
जाने कैसा दिन—
पड़े-पड़े बुदबुदाता हूँ
उफ़्फ़ बीत गया
कुछ हिला नहीं
कुछ हुआ नहीं
कुछ भरा नहीं
पर रीत गया...

[2019]

काव्यपाठ

1

मैं चाहता हूँ जब काव्यपाठ के लिए मंच पर बुलाया जाऊँ
तो अपनी उन कविताओं को सुनाऊँ जिन्हें बरसों से लिख रहा हूँ
और जो शायद अब तक शर्मिंदगी की हद तक अधूरी हैं
मैं चाहता हूँ जब मैं कविता पढ़ूँ, कोई बीच में उठे और मुझे टोक दे
कि क्या बकवास पढ़ रहा हूँ, जिसका न कोई ओर है न कोई छोर

मैं चाहता हूँ जब मैं कविता के सबसे कारुणिक प्रसंग वाली पंक्तियाँ पढ़ूँ
तो किसी के पेट में गुदगुदी पड़ जाए और वो हँसता हुआ दोहरा हो जाए
और जब हास्यास्पद प्रसंग बयान करती पंक्तियाँ पढ़ूँ
तो कोई सभा में दहाड़ें मार रोना शुरू कर दे

मैं चाहता हूँ जब मैं कविता पढ़ूँ तो कोई श्रोता पंक्ति से उठकर
मेरी खिल्ली उड़ाए

मैं चाहता हूँ उन अधूरी कविताओं पर, जो शर्मिंदगी की हद तक अधूरी हैं
किसी के होंठ कुछ कहने को हिलें, लेकिन कोई शब्द न निकले
बल्कि विचलन में वो अपनी कुर्सी से उठे
और काव्यपाठ के दौरान ही
सभा छोड़कर बाहर चला जाए...

2

मैं चाहता हूँ जब काव्यपाठ के लिए मंच पर जाऊँ
तो कोई हास्यास्पद मुद्रा न अख़्तियार करते हुए
बिना किसी ग़ैरज़रूरी भूमिका के सीधे कविता शुरू कर दूँ

मैं चाहता हूँ, कविता में आई चींटियाँ
मेरे माथे पर रेंगती हुई; मेरे बालों के झंखाड़ में घुस जाएँ
और हरे टिड्डे मेरे कंधों पर
किरामन-कातिबीन[1] की जगह तैनात हो जाएँ

मैं चाहता हूँ, जब मैं कविता पढ़ूँ, तो कविता में आया चाँद
मेरे चेहरे की तरह ही पीला पड़ जाए
और रात मेरी आँखों की तरह सूनी और काली पड़ जाए

मैं चाहता हूँ जब मैं कविता पढ़ूँ
तो कविता में बजती राइफ़ल की आवाज़
सभा में आतंक पैदा कर दे
और कविता में आई घास
सभा की ज़मीन पर
दरी-सी बिछकर
सामईन के तलुवों में चुभ जाए
मैं चाहता हूँ कविता में आई रेत
सामईन की आँखों में भरकर किरकिराए
और मंज़र को कई बार पोंछकर साफ़ कर दे
मैं चाहता हूँ कविता में आया लहू
मेरी आँखों से टपककर
मुझे अन्धा कर दे
और फिर कोई सामईन अफनाकर उठे
और मेरी जगह
अपनी आवाज़, अपने शब्दों में कविता पूरी करे।

[2019]

1. वे दो फ़रिश्ते, जिनके बारे में कहते हैं कि वे हर इन्सान के कंधों पर रहते हैं, और उसके कर्मों का हिसाब रखते हैं।

एक गिलहरी चंचल मछली

(टुहु के लिए)

एक गिलहरी चंचल मछली
धाँग रही है बुआ के संग में
छका रही है बहुत ही ज़्यादा
हँसे तो जैसे झरे चाँदनी
फिरे तो जैसे बजे रागिनी
सात बरस की उम्र है उसकी
बड़ी सलोनी मछली जैसी
चंचल वैसी; तेज़ी फुर्ती
अभी यहाँ तो वहाँ फुदकती
बुआ उसे लेकर आई है
मेरा कवितापाठ सुनाने
ढेर लगे लोगों के बंडल
उसे पता है; किसे खोलना
किसे झोरना, किसे बोरना
मेरा सारा ध्यान उधर है
जिधर है बैठी; बुआ के संग वो
अब तो कवितापाठ ख़तम है
लोगाँ करते, मेल मिलापा
लेकिन वहीं वो टुहु सलोनी; नाम है जिसका
इंसानों के जंगल में वह घूम रही है
झूम रही है दौड़ा-दौड़ी, लुक्का-छिप्पी
अभी चढ़ी है गोद में मेरी
गाछ हो जैसे बहुत मुलायम
और वो मछली या कि गिलहरी जैसे फिरती
गाल चूमती, प्यार दिखाती

कानों में कुछ बातों करती
सबसे नन्ही आलोचक वो
अभी उतरकर ये लो दौड़ी
सबको धरती, झपट-झपाटा
जैसे हो उनसे कुछ नाता
उसको है सबसे अपनापा
उसकी दुनिया में सब अपने
देख के उसको जी हुलसाता
ऐसी दुनिया किसे मिलेगी
जहाँ सभी से अपना नाता
सिखा रही हम सब को पाठ
सबसे बेहतर उसका प्यारा
जीता जगता कवितापाठ!

[2019]

शिशिर की धूप

कितने दिनों बाद खिली है धूप
जाड़े की ठिठुरन में गट्ठर बने सिकुड़ते फिरते थे हम
किट-किट करते दाँत भूत बने रहते थे हम
आज मज़े में कुर्सी पर जमकर बैठे हैं
ताक रहे हैं दूर क्षितिज को
खोला जैसे बहुत पुराना सीला-सा सन्दूक़...

छत पर अलगनी के बाँसों ने पहनी कंटोप
टिन की छत से ताक रहा चोंचे का बच्चा
चिड़ियों की चूँ-चिक ने मन के अन्धकार को
दीप्त किया ज्यूँ
खुले हृदय-सा खुला हुआ नभ
अहा! कि आई डाक कोई हो दूर देस से
आँखों में उमड़ी चमक बड़े दिनों में देखा तुमको जैसे।

[2021]

लालटेन और कवि

(मंगलेश दा की याद)

कवि नहीं मरते
वे महज़ ओझल हो जाते हैं
हमारी कमख़ाब नज़रों से
किसी और समय में
किसी और दुनिया में
किसी और बेचैनी में

एक विकल हृदय
एक मुलायम स्वप्न
और एक लपलपाती लालटेन की
सुनहली लौ के बीच
सीने में छुपाए बच्चों-सी तजस्सुस[1] के साथ
एक अनन्त पीले अन्धकार में
दाख़िल हो जाते हैं...

[2020]

---

1. जिज्ञासा

मेरी दुनिया के तमाम बच्चे

वो जमा होंगे एक दिन
और खेलेंगे एक साथ मिलकर
वो साफ़-सुथरी दीवारों पर
पेंसिल की नोक रगड़ेंगे
वो कुत्तों से बतियाएँगे
और बकरियों से
और हरे टिड्डों से
और चींटियों से भी

वो दौड़ेंगे बेतहाशा
हवा और धूप की मुसलसल निगरानी में
और धरती धीरे-धीरे
और फैलती चली जाएगी
उनके पैरों के पास...

देखना!
वो तुम्हारी टैंकों में बालू भर देंगे एक दिन
और तुम्हारी बन्दूक़ों को
मिट्टी में गहरा दबा देंगे
वो सड़कों पर गड्ढे खोदेंगे
और पानी भर देंगे
और पानियों में छपा-छप लोटेंगे

वो प्यार करेंगे एक दिन उन सबसे
जिनसे तुमने उन्हें नफ़रत करना सिखाया है

वो तुम्हारी दीवारों में
छेद कर देंगे एक दिन
और आर-पार देखने की कोशिश करेंगे
वो सहसा चीख़ेंगे!
और कहेंगे—
"देखो! उस पार भी मौसम तो हमारे यहाँ जैसा ही है"

वो हवा और धूप को अपने गालों के गिर्द
महसूस करना चाहेंगे
और तुम उस दिन उन्हें
नहीं रोक पाओगे

एक दिन तुम्हारे महफ़ूज़ घरों से बच्चे
बाहर निकल आएँगे
और पेड़ों पे घोंसले बनाएँगे
उन्हें गिलहरियाँ काफ़ी पसन्द हैं
वो उनके साथ ही बड़ा होना चाहेंगे

तुम देखोगे
जब वो हर चीज़ उलट-पुलट देंगे
उसे और सुन्दर बनाने के लिए

एक दिन मेरी दुनिया के तमाम बच्चे
चींटियों, कीटों
नदियों, पहाड़ों, समुद्रों
और तमाम वनस्पतियों के साथ
मिलकर धावा बोलेंगे
और तुम्हारी बनाई हर चीज़ को
खिलौना बना देंगे।

[2015]

लेबुल

धीरे-धीरे उनकी बनाई हर चीज़
हिंसा का ख़तरनाक औज़ार बना दी गई
जिससे वे जीवन को सुगम बनाना चाहते थे
मुझे भाषा, चप्पलें और आँखें बहुत देर में मिली थीं

जब शहर पर लगातार झड़ रही थी राख
वे लिप्त थे अपने निकृष्टतम् अट्टहास में
हम उनकी रक्तिम आँखों के
गँदले पानी में पैदा हुए थे
और मेरी माँ की बीमार गोद में ही
मेरी आँखें फूटी थीं

मुझे बहुत बाद में पता चला
मेरी नरम पीठ पर भी
एक लेबुल लगा दिया गया था।

[2017]

ये दुनिया एक सस्ती बीड़ी की तरह है

ये दुनिया
एक सस्ती बीड़ी की तरह है
इसे कमीन दोस्तों के साथ मिलकर पीना चाहिए
ख़याल रहे
हर एक कश के बीच :
एक भड़कती हुई शायरी का कोई मिसरा
या किसी दर्द में डूबे नग़मे की कोई धुन
या कुछ नहीं तो
आदमज़ात की कमीनगी पर ही कोई फ़िक़रा ज़रूर सुना जाए।

जब अँधेरी रात कोई दुश्मन गिरोह
शबख़ून मारने आए
तो बीड़ी बुझाकर जेब में डाल लेनी चाहिए
और महफ़िल को बर्ख़ास्त करते वक़्त दीवानों को क़सम लेनी चाहिए कि
इंशाअल्लाह बीड़ी फिर सुलगाई जाएगी
महफ़िले-शौक़ फिर गर्म होगी
नग़मे फिर गाए जाएँगे
और तब अधजली बीड़ी
और धीरे-धीरे पी जाएगी...

ये दुनिया यक़ीनन सस्ती बीड़ी की तरह है।

[2020]

मसख़रे की कलाएँ

उसे चौसठ नहीं छप्पन कलाएँ आती हैं
जी हाँ!
और उसका छप्पन आपके चौसठ से भी ज़्यादा है
कहो मियाँ, गड़बड़ा गई न तुम्हारी रियाज़ी!

जब आप चिल्लाइएगा आड़ू-आड़ू
वो कहेगा झाड़ू-झाड़ू
आप चीख़ेंगे आग-आग
वो निकाल रहा होगा साबुन का झाग

आप तो बस उसकी अदाओं पे ही मुग्ध होइए
वो सदी का सबसे बड़ा मसख़रा है
वो अभी फफक-फफककर रो देगा
वो अदा से उछलेगा और हत्या कर देगा।

[2019]

बारिश में एक पाँव का जूता

गुरुद्वारे के बाहर
एक कार के ठीक सामने
बारिश में एक पाँव का जूता
भीग रहा है
पानी पर मचलता हुआ
उत्सव मना रहा है

मैं रिक्शे से गुज़रते हुए
उसे देख रहा हूँ
सब ने छतरियाँ ओढ़ ली हैं
या छज्जों की ओट में आ गए हैं
सब कुछ धीमा-सा पड़ गया है
लेकिन बारिश का संगीत
जूते को मस्त किए हुए है

इन हाँफते हुए लोगों में
मुझे जूता ज़्यादा आकृष्ट कर रहा है
जूता
जिसे अपने पाँव के खो जाने का
शायद कोई दुःख नहीं है।

[2019]

गायें

सुबह होती है
और गायें खूँटों पर बँधी रँभाती हैं और चारा माँगती हैं
गायें दिन-दिन भर चरवाहे के साथ चरने जाती हैं
और शाम को लौट आती हैं अपने खूँटों पर
और रँभाती हैं

दुधारू गायें दुहती हैं और पूजी जाती हैं

गायें मुँह उठाए देखती हैं रास्तों की तरफ़
मनुष्यों को गुज़रते हुए देखती हैं गायें
गायों ने देखा है कितने-कितने मनुष्यों को
कितनी-कितनी बार गुज़रते हुए
गायों ने देखा है युद्धनायकों और सैनिकों को
कितनी-कितनी बार गुज़रते हुए
गायों की एक झपकी में
समय का पूरा लश्कर गुज़र जाता है
चुपचाप...
गायें सानी खाती रहती हैं
और मध्यप्रदेश में एक मुसलमान
गोकशी के जुर्म में मार दिया जाता है
गायों के गले में बँधी घंटियाँ बजती हैं
गायें सुनती हैं राजस्थान में
गोकशी के जुर्म में मारे गए एक मुसलमान के बारे में
गायें अपनी पूँछ से मच्छरों को हाँकती हैं
अपने खुर पटकती हैं
पिटती हैं कोई खाने की चीज़ झपटते हुए बाज़ारों में

मंडियों में अपने पुट्ठों पर ज़ख़्म लिये
फिरती हैं गायें
बूढ़ी गायें अपने डाँगर शरीर लिये धीरे-धीरे डोलती हैं
कभी कूड़े के ढेर में खाने की कोई चीज़ तलाशती हुईं
कभी दीवार में देह रगड़ती हुईं

गायें सुनती हैं एक मुसलमान की सार्वजनिक हत्या की ख़बर
गायें अपनी नाँद में मुँह घुसाए चारा खाती हैं
बैठकर पगुरी करती हैं

गायें गायों से मनुष्यों के बारे में नहीं पूछतीं
गायें गायों से मुसलमानों के बारे में नहीं पूछतीं
गायें मनुष्यों से मनुष्यों के बारे में कोई सवाल नहीं करतीं
बस एक दिन गायें
स्वयं उठकर चली जाती हैं
बूचड़ख़ानों की तरफ़।

[2017]

एक दिन जब सारे मुसलमान

एक दिन जब सारे मुसलमान
इस धरती की तहों में सो जाएँगे
या सुला दिए जाएँगे
दुनिया से सारे क़ुरआन
उठा लिये जाएँगे या जला दिए जाएँगे
और सारी टोपियाँ अन्तरिक्ष में खो जाएँगी
और दिन में पाँच बार सिर पटकने वाली क़ौम
फ़ना हो जाएगी
और जब आधा लखनऊ
आधी दिल्ली
आधा कानपुर
आधा बनारस
आधा पटना
आधा कलकत्ता
आधी बम्बई
आधा अहमदाबाद
आधा हैदराबाद
ख़ाली हो जाएँगे
और
सारे क़हक़हे
सारे छेड़
तमाम अहले-सुख़न
और
रसूलन बुआओं
अज़ीज़न दादियों
नूरुल चाचाओं

सकीना बहनों
और सारे महमूद भाइयों से
ये दुनिया हमेशा-हमेशा के लिए ख़ाली हो जाएगी
उस दिन मेरे अज़ीज़ भाई
मेरे बच्चे
देखना
तुमने क्या खो दिया है...

[2017]

हत्यारा कवि

उसकी कविताएँ मुझे चकित करती रहीं
उसकी लिखी पंक्तियाँ पढ़कर
अक्सर
मन करुणा से भर-भर जाता
कैसे कहूँ कि उसकी कविताएँ पढ़कर रोया हूँ बारहा
आधी रातों के सुनसान में

बहुत दिनों तक उसे उसकी कविताओं से ही जाना था
अचानक वो मिल गया किसी गोष्ठी में
और उससे सीधे पहचान हुई
धीरे-धीरे पता चला उसका राजनीतिक पक्ष भी
जो कि निःसन्देह हत्यारों की तरफ़ था
मेरे पाँव से तो ज़मीन खिसक गई
विश्वास नहीं हुआ कि कैसे मेरा प्रिय कवि
हत्यारों की ढाल बन सकता है
जी हुआ कि उसकी कविताएँ जला दूँ
जिसे पढ़कर रोया था बार-बार
फिर अचानक उसकी एक और कविता पढ़ी
और मन बदल लिया

कोई कवि इतना अदाकार कैसे हो सकता है कविता में
अब भी चकित हूँ
नोचूँ हूँ घास
देखूँ हूँ उसकी तस्वीर, उसका मासूम चेहरा, जिस पर फैली है गुनगुनी धूप
सोचूँ हूँ, शायद वो कल मेरी हत्या करने मेरे गले पर छुरी रखे
तो मैं उसका प्रतिरोध भी न कर पाऊँ

अजीब प्रेम है उससे मुझे
उफ़्फ़!
शायद उसे कहूँ कि, “भाई! मेरा गला काट के हाथ धो के ही जाना
अलमारी में मेरे कपड़े होंगे उन्हें पहन लेना
मुझे तुम्हारी कविताएँ बहुत अच्छी लगती हैं...”

[2019]

प्रतिक्रियाएँ आजकल

आजकल अजीब प्रतिक्रियाएँ देने लगा हूँ
जबकि चाहता नहीं अपने लिए
किसी भी चीज़ में कोई विशिष्टता

फिर भी
जहाँ सब हँसते हैं ठठाकर; वहाँ उदास हो जाता हूँ
जहाँ रोते हैं सब; वहाँ चुप लगा जाता हूँ
जहाँ सब होते हैं प्रसन्न; वहाँ अक्सर मर जाता हूँ

मेरा सामान्य व्यवहार इस लोकतंत्र में गड़बड़ा गया है।

[2019]

तारीख़ी फ़ैसला
(धीरेश सैनी के लिए)

1

एक उदार सुब्ह
मुल्क की आलातरीन अदालत ने
जैसे ही अपना तारीख़ी फ़ैसला आम किया
मस्जिद का चौथा गुम्बद
आप ही बे-आवाज़ ज़मीन पर गिरा
जिसमें क़ैद थी मस्जिद की आख़िरी
लहूलुहान अज़ान
जो मुल्क के हर मज़लूमो-इंसाफ़पसन्द फ़र्द के भीतर
सत्तर बरस बाद गूँज उट्ठी

ये कैसा राज़ है मियाँ?
लोग बतलाते हैं
मस्जिद में तो केवल तीन गुम्बद थे।

2

कोई गोली नहीं चली
कोई दंगा नहीं हुआ
कोई जुलूस नहीं निकला

सब ने मिलकर कहा
जो हुआ अच्छा हुआ
आख़िर सब कुछ पवित्र-शांति में निपट गया

सबने मिलकर राहत की साँस खेंची
वे लोग भी घरों में ही रहे
जिन्हें यक़ीन था
कि एक कलंक आख़िरश धुल गया
एक ज़मीन थी जो पाक हो गई
लेकिन आज जश्न में उनकी दिलचस्पी कम थी
इतने लम्बे संघर्ष ने उन्हें भी अब थका दिया था
थके हुए लोग हमेशा ही करुणा के पात्र होते हैं

आज तारीख़ का एक सफ़्हा अपने आप ही जल गया
सब कुछ धुल गया
सब कुछ पवित्र हो गया
लेकिन सरयू का किनारा क्योंकर उदास है आज
क्या किसी ने फिर से चुपचाप
सरयू के जल में ले ली है
जल-समाधि?

अख़बार इसके बारे में कुछ नहीं कहता।

[2019]

टॉर्च

मेज़ वहीं है
जहाँ ख़ुद को पढ़ते-पढ़ते
मुँह के बल लुढ़क गई हैं किताबें
लालटेन के शीशे में कालिख उतनी ही है जितनी कि थी
दीवाल घड़ी भी चल ही रही है अपनी रफ़्तार से
पंखा अपनी पूर्व गति से ही घूम रहा है...

फिर ऐसा क्या है जो बदला हुआ सा लगता है हर बार
जितनी दफ़े जलाता हूँ टॉर्च।

[2019]

यहाँ बैठो तो

है आदमी बजाए ख़ुद इक महशरे-ख़याल,
हम अंजुमन समझते हैं ख़ल्वत ही क्यूँ न हो।

—मिर्ज़ा ग़ालिब

यहाँ बैठो तो दिखता है आसमान का एक टुकड़ा
हवाई जहाज़ों की एक ही सी लीक
उनकी लाल बत्तियाँ
ख़ून के धब्बों-सी, आकाश को काटती चलती हैं

माहताब
रेलिंग की फाँकों से झाँकता है
सफ़ेद धब्बे की तरह

दूर एक मकान की दीवाल में पंद्रह मुक्कियाँ हैं
जो शाम होते ही, कमज़ोर सुनहले रंग में रँग जाती हैं

यूँ तो शोर-शराबे से दूर है मेरा फ़्लैट
लेकिन मुसलसल तरह-तरह की आवाज़ें
रेंगती हुई कानों तक चली आती हैं
गूँजने की स्थायी जगह बनाती हुईं
धीरे-धीरे आवाज़ें भसकती हैं मेहराबों-सी
और पूरी बिल्डिंग आवाज़ों के मलबे में दबकर
कराहने लगती है

इन दिनों एक नीली ख़ामोशी उभरती है
और सीना दहकने लगता है।

[2018]

प्रथम मिलन

एक दिन
भाषा की चमकीली चप्पल उतारकर
आऊँगा तुमसे मिलने
अपने प्रथम मिलन में
मैं अधिक बोलने से परहेज़ करूँगा
और अपनी आत्मा का हर बोझ
उतारकर तुमसे मिलना चाहूँगा
तुम्हारे मन के साँकल को
हल्के-हल्के खटखटाऊँगा
तुम्हारी देहभाषा को पढ़ने की बजाय
सुनना ज़्यादा पसन्द करूँगा
तुम भी वक़्त लेकर आना
मुझसे मिलने
एक सदी की गूँज हूँ मैं
अपने एकांत में मुझे गूँजने का
भरपूर अवसर देना तुम
मैं तुमसे धीरे-धीरे मिलूँगा
तुम्हारी हथेली से
तुम्हारी आँखों तक का सफ़र
तय करने में
मैं एक सदी लगा देना चाहूँगा...

[2015]

बातें

1

पहले हम ख़ूब बातें करते
नदियों, पहाड़ों और चींटियों की बातें
चमकीले फूलों और पत्तों की सरसराहट की बातें
हवा के लम्स की बातें
चाँद और दरख़्तों की बातें

हम बातें करते और सिहरते
हम बातें करते और ठिठुरते
हम बातें करते-करते
एक दूसरे में टहल आते
हम बातें करते-करते
एक दूसरे में रो आते
हम बातें करते-करते
एक दूसरे में सो जाते

जब हम बातें करते
तब हम अपने आप से बाहर निकल आते...

2

अब हम एक दूसरे से
अक्सर झेंप जाते
कुछ बातें कहते-कहते रह जाते
फिर थोड़ा चुप रहते

कोई और बात शुरू करते
हमारे पास अभी भी बातों की कोई कमी नहीं थी
लेकिन अक्सर अपनी चुप में ही
ठिठके रहते
अब हम बातों की दुनिया लाँघ चुके थे
अब हम एक ऐसी दुनिया में प्रवेश कर चुके थे
जहाँ हम साथ थे
लेकिन चुप थे...

[2015]

भाषा

जीवन तम्बुओं में नहीं
कोटरों में आबाद था
ये बहुत बाद में पता चला हमें

हम जल्दी ही पंछियों की भाषा सीखने लगे
और अपनी-अपनी भाषा की बुनाई को
एक सिरे से पकड़कर
खोल दिया।

[2018]

तुम

जब जुगनुओं से भर जाती थी
दुआरे रखी खाट
और अम्मा की सबसे लम्बी कहानी भी
ख़त्म हो जाती थी
उस वक़्त मैं आकाश की तरफ़ देखता
और मुझे वो
ठीक जुगनुओं से भरी खाट लगता

कितना सुन्दर था बचपन
जो झाड़ियों में चू कर
खो गया

मैं धीरे-धीरे बड़ा हुआ
और जवान भी
और तुम मुझे ऐसे मिले
जैसे बचपन की खोई गेंद

मैंने तुम्हें ध्यान से देखा
मुझे अम्मा की याद आयी
और लम्बी कहानियों की
और जुगनुओं से भरी खाट की
और मेरे पिछले सात जन्मों की
मैंने तुम्हें ध्यान से देखा
और संसार आईने-सा झिलमिलाया किया

उस दिन मुझे महसूस हुआ
तुमसे सुन्दर
दरअसल इस धरती पर
कुछ भी नहीं था।

[2019]

प्रेम

पहले बेबाक था बहुत
बेबाक और उथला
फिर प्रेम का फ़रिश्ता नाज़िल हुआ
वह्इ[1] ले कर
अपने सद-हज़ार चमकीले बालो-पर के साथ

फिर एक गहरी अँधेरी रात
संशय ने जन्म लिया
हिचक और लज्जा उसके बाद आए
फिर ज़ब्त और करुणा के प्याले
छलछला उठे

माशूक़ का शहपर
ऐन दिल में धँसा
उम्र-भर कष्ट देता रहा
फिर भी मैं मुस्कुराया किया

इस तरह मुझे
प्रेम ने तबाह किया
और पूरा मनुष्य बनाया।

[2019]

---

1. ईश्वरीय सन्देश

पवित्र अँधेरा

अँधेरे को पहली बार हमने
इतना पवित्र पाया था

इस शहर की
बदन छिल जाने वाली भीड़ में
एक अँधेरा ही तो था; जो हमारे लिए
सिग्नल की हरी बत्ती की तरह जलता
हमारी बेरोक-टोक आवाजाही का
सबसे बड़ा पैरोकार बनकर
हमारे लिए बावली की प्राचीन सीढ़ियाँ उगाता
उनका प्राचीन सीला अँधेरा
हमारे इतने पास बैठने की
जादुई जगह बनाता
हमें नींद और कामना की
सर्पिल सुरंगों में उतारकर
ढक्कन लगाता

लैम्प पोस्ट की पीली थकी रौशनियाँ
फ़ुटपाथ को कोमल बनातीं
हमारे घावों को सहलातीं
कभी-कभी तो हमारे जूतों के खुले फ़ीते भी बाँधतीं

शहर की रुखड़ी पीठ पर
फोड़े की तरह उगे खंडहर
हमें बाँहें खोल बुलाते
शहर के भीतर एक दूसरा शहर आकार लेता

जो हमारी जासूसी के बजाय, हमारी निगरानी करता

लेकिन हम जानते थे, ये एक फंतासी-भर है
जो हमारे लिए उगे
शहर की प्राचीर पार करते ही
टूट जाएगी
और अचानक हम सिग्नल पर
गाड़ियों के हॉर्न के कोलाहल में
ख़ुद को घिरा पाएँगे

एक चिड़िया होगी जो चीख़ती हुई
हमारे सिर के ठीक ऊपर से गुज़र जाएगी...

ऑटोरिक्शा के तीन पहिए
तीन अलग दिशाओं में भागेंगे...

अँधेरा फिर उगेगा
एक बहुत छोटे वक़्फ़े के लिए
जैसे विदा के लिए उठा हाथ हो

इस शहर में यक़ीनन
एक अँधेरा ही होगा
जो हमें साथ देखकर
यूँ मुस्कुराएगा
और धीरे-धीरे
अनंत तक फैल जाएगा...

[2017]

वो भूल जाती है

वो सोना चाहती है मेरे सीने से लगकर
उसकी आँखें, शताब्दियों से खुली हुई हैं
वो स्वप्न में भी देखती है
दूसरे कई स्वप्न...

धीमे स्वर में बातें करते-करते
अचानक उसका माथा
मेरे कंधों की तरफ़ ढुलक आता है
जैसे तेज़ झपकी आ गई हो उसे

वो लम्बे समय से रोना भूल गई है
हँसना, उसे अभ्यास की वजह से याद है
जिसमें शामिल होता है, उसका रोना भी

उसमें जमा है
शताब्दियों लम्बी थकान

उसके हाथ, ठार होकर गलते हैं नींद में
उसका पेट हौंड़ता रहता है
मुसलसल पिराते हैं उसके घुठने और पीठ
उसके बाल ढँक देते हैं उसके चेहरे को
उसके सौंदर्य की अभिवृद्धि के लिए
जैसे पत्ते ढँकते हैं किसी दलदली ज़मीन को
लेकिन हवा के अदृश्य हाथ
उसे उघाड़ देते हैं बार-बार

उसकी सबसे कोमल इच्छाओं में सबसे ऊपर दर्ज है
मेरे सीने से लगकर
एक पूरी नींद सोना
जिसे वो अक्सर कहती है
और कहकर भूल जाती है।

[2019]

बहिश्त

1

जब तुम थे पास मेरे
मैं था बहिश्त[1] में
अपने मौन के आनंद में डूबा हुआ
अल्फ़ाज़
धुनी रुई के फ़ाहे से उड़ने लगे थे पूरे कमरे में
तितलियों और जुगनुओं ने पूरे कमरे को घेर रखा था
बाहर क़त्लो-ग़ारत का सिलसिला थमा नहीं था
बच्चों के सिर पके कटहल की तरह
ख़ाबीदा दरख़्तों से भद-भद गिर रहे थे लगातार
मज़हबी शोर से शहर की दीवारें कराह रही थीं
और पूरी दुनिया गोया शरणार्थी शिविरों में तब्दील हो रही थी
लेकिन मैं था बहिश्त के आनंद में डूबा हुआ

तुम्हारी साँसों से झर-झर; झर रहा था पराग-सा
दिशाओं के कंठ से फूट रही थीं वीणा की अस्फुट ध्वनियाँ
मैं बुलबुले-सा बार-बार फूट रहा था घाव का मवाद बनकर
एक अनजान ख़ौफ़ ने मुझे घायल कर रखा था
जिसे तुमने मेरी धुँधलाई आँखों में देखते हुए भी
शायद नहीं पहचाना था

मैं हवा और पानी को उकेरे जा रहा था
तुम्हारे सन्दली जिस्म पर
जिसकी गंध कस्तूरी की सी थी

---

1. स्वर्गलोक

और मेरे कमरे में बहिश्त तेज़ी से उग रहा था
दूब की तरह...

मैंने देखा—
खिड़कियों से मुंडी घुसा
चले आए थे कोहसार
दरारों से फिसलकर
आ गई थीं नदियाँ
बाथरूम में आबशारों ने जमा लिया था अड्डा
किचेन गुलशन की तरह खिला था

तुम्हारी आँखों में हिलोरें ले रहे थे साथ समुद्र
तुम्हारी बाँहों के फैलाव में
ठोस हो गया था अनंत आकाश
तुम्हारे माथे से फिसलकर
होंठों पर फैल गई थी गुनगुनी धूप
तुम्हारी हँसी के उजास में
छिप गया था सूर्य
मेरे सीने पर तुम्हारे पाँव की हरकत देख
डूब गया था शर्मीला चाँद
बेचूक
और मैं था बहिश्त के आनंद में डूबा हुआ
निहायत हलका
और मूक।

2

लेकिन अब!
अब यहाँ किताबों से धूल झड़ती है
मेरी एड़ी से रेत
मेरे चेहरे से पलस्तर...

रात का ठोस काला पत्थर
मेरे सीने को कुचलकर ज़मींदोज़ कर देना चाहता है

कमबख़्त! अब ये दीवालें भी चुभती हैं
जी करता है इनका मस्तक फाड़ डालूँ
फाड़ डालूँ उन सारी किताबों के पृष्ठ
जिन पर लिखा है प्रेम
लेकिन दिल है कि रोक लेता है बार-बार
कि इसे जिब्रील-अमीन[1] का है इंतिज़ार
जो इसे एक दिन अपना बुर्राक़[2] सौंप देंगे
कि इसे ख़ुशफ़हमियाँ बहुत हैं
जिनके हाथों ये कल क़त्ल कर दिया जाएगा
प्यासा और निहत्था
किसी कर्बला[3] में

ये प्रेम की कटार
लगातार छलनी कर रही है मेरा सीना
उफ़ तुम आतीं क्यूँ नहीं?
तुम कहाँ हो मेरी जान?
देवताओं के खेल पर पानी फेर दो आज
तोड़ दो उनके मुकुट
ध्वस्त कर दो उनके सातों आसमान

मैं तुम्हारे बहिश्त के आनंद में ही दम तोड़ना चाहता हूँ
प्लीज़ आ जाओ!
प्लीज़ आ जाओ!
प्लीज़ आ जाओ!

[2018]

---

1. एक फ़रिश्ते का नाम जो इस्लामी आख्यानों के मुताबिक़ अल्लाह का पैग़ाम लेकर पैग़म्बरों के पास आते थे।
2. जिब्रील की सवारी, जिसके पंख हैं और देह घोड़े की तथा सिर आदमी का है।
3. आधुनिक इराक़ में एक जगह जहाँ इस्लामिक इतिहास की सबसे बड़ी जंगों में से एक जंग लड़ी गई थी, जिसमें इमाम हुसैन और उनके 72 साथियों को, जिनमें दुधमुँहे बच्चे भी शामिल थे, मौत के घाट उतार दिया गया था। इमाम हुसैन, इस्लाम के पैग़म्बर हज़रत मुहम्मद के नवासे थे। यह जंग सत्य और असत्य के बीच हुई थी तथा इसने विश्व की हर सभ्यता को पर्याप्त प्रभावित किया और कालांतर में एक कारुणिक काव्य-रूपक में ढल गया।

मेट्रो में विदा

जैसे युगों की थकान घेरती है हमें
मेट्रो की सीटों पर हम
लगभग भहरा जाते हैं
ट्रेन हमें मुँह में दबाए
झपट ले जाती है भूखी बिल्ली की तरह
किसी अदृश्य निर्जन में

मन, स्टेशन के गुम्बद में
गूँजता रहता है सदियों तक

दरअसल हमारे लिए कोई भी ट्रेन
बनी ही नहीं कभी
जो हमें घर पहुँचाती
क्योंकि हमारा घर तो रस्ते में ही छूट जाता है
जिसकी दीवालें हँसी की शुआओं में चमचमाती हैं
खिड़कियाँ और रोशनदान, ख़फ़ीफ़ लम्स से भी हल्के होते हैं
जिन्हें बेरहम हवा के हाथ
उखाड़कर नष्ट कर देते हैं अँधेरे में
जब हम विदा होते हैं एक दूसरे से
फिर कष्ट में भुरभुराते अपने जिस्मों को
अपनी ही पीठ पर लादकर
घसीट ले आते हैं अपने साथ

इस तरह हमारा कोई भी सफ़र
कभी पूरा नहीं होता

माथे को एड़ियाँ बन जाने के झंखाड़ में
हम राख की तरह झड़कर
खो जाते हैं...

[2019]

स्मृतियों की गंध

स्मृतियों की गंध
हौले-हौले
सर्द हवाओं के साथ
उतरती है किसी बहुत ऊँचे मचान से
रेल गाड़ियों की छुक-छुक में डूबता जाता है कमबख़्त दिल...

विमान अपने पँखों को समेटते उतरते हैं
लाल-पीली रौशनियाँ चमकाते
आकाश को और अकेला करते...

मन का उक़ाब उड़ जाता है अँधेरे सुनसान में
एक पीली उदासी दस्तक देती है दरवाज़े पर
घहराता हुआ उतरता है भीतर कोई आबशार
नाव का गीला चप्पू चमकता है
आँखों के धुँधले ग़ुबार में...

एक कमज़ोर-सी आह
होंठों से ढुलकती हुई दिल में गिरती है
मोतियों की महीन बे-आवाज़ ध्वनि के साथ
एक कसक-सी उठती है और ढीला पड़ जाता है सीना

आँसुओं की धुँधली शाम में काँपती है तुम्हारी आकृति
मन का घायल लहूलुहान पंछी
करता है एक आख़िरी नाकाम कोशिश

आत्मा का जल
फैल जाता है
रात के निरभ्र आकाश में...

[2018]

वहाँ जहाँ कहाँ

हृदय
एक सहमा प्रदेश
जिसके असम्भव दिगंत में
लटकी है धूल से बनी तुम्हारी तस्वीर

मेरी तिरछी टोपी के असम्भव द्वार में खुँसे हैं
तुम्हारे भेंट किए हुए पिछली सर्दियों के मुरझाये फूल

मैं हूँ वहाँ जहाँ मैं क़तई नहीं हूँ...

[2019]

इश्तेहार

रात एक बहुत बड़ी आँख है
जिसमें मैं
पुतली की तरह नाचता हूँ
शहर-शहर...

मैं हूँ
अतृप्त इच्छाओं का खंडहर
एक पागलपन की दीवार
जिस पर लगे हैं
सिर्फ़ तुम्हारे नाम के इश्तेहार!

[2018]

प्रतीक्षाएँ

1

प्रतीक्षाएँ तुम्हें उजाड़कर
पवित्रता से भर देंगी

तुम आप से आप भटकोगे
मुरझाओगे
झड़ोगे
गलोगे
खो जाओगे।

2

फूल और चटख़ होते हैं
जब मरती है कोई उम्मीद
और तब उनकी गंध
उस मकान तक भी पहुँचती है
जहाँ अब कोई नहीं रहता...

[2019]

चींटियाँ

पुरानी यादों से चींटियाँ निकलती हैं
कुछ ढोती हुईं
उन्हें ख़ाली और ख़ाली करती हुईं
कुछ नहीं के अँधेरे में गुम होती हुईं
हमारे भीतर एक नया खोखल बनाती हुईं...

[2019]

वे जानते थे

आँखें रहीं घड़ियाँ
जिनमें पतझड़ सबसे अधिक बार बजा
देह रहा : जर्जर पेड़
जिसमें पीड़ाओं ने सबसे ज़्यादा घोंसले बनाए
हृदय रहा वो रस्ता
जिस पर जमा हुए
सबसे अधिक लाशों के ऊढ़े

प्रेम का निर्झर
राख बना
झड़ा
झड़ता रहा
ढँकता रहा
आत्मा को
जिनसे खिलते रहे घावों के फूल...

रोना जिनके लिए प्रेम में था
सबसे बड़ा अनैतिक कर्म
उन्होंने ही कहा : थाम लो आँसू!
क्योंकि वे अच्छी तरह जानते थे
रोने से कम हो जाती है पीड़ा।

[2018]

ख़ानाबदोश

हमने यात्राओं में सबसे ज़्यादा समय बिताया
एक यही तरीक़ा था साथ होने का भी
हमने मिनटों की दूरी को
युगों जितना विस्तार दिया
ये सिर्फ़ प्रेम में ही सम्भव हुआ

हम यक़ीनन ख़ानाबदोशों की औलादें थे।

[2018]

मेरी साँसों को अपने करघे पर बुनने वालीं तुम

मेरी साँसों को अपने करघे पर बुनने वालीं तुम
नीम-रौशन आकाश को
हींड़ रहा हूँ मैं
कितने-कितने रंग उभरते
कितनी-कितनी गंध
हर गंध एक फूल है
हर रंग एक शूल...

बुद्धि तो किनारे पर ही छोड़ आया था
सिर्फ़ हौसला लेकर उतरा था
मैं नाव खेने का हुनर भूल चुका हूँ
मैं भूल चुका हूँ
आग जलाने का भी सबसे आदिम हुनर
क्योंकि अब मैं ख़ुद एक भट्टी बन चुका हूँ
कैसा आदमी हूँ मैं?
इस रेगिस्तान में अपनी खुरपिया ताने खड़ा हूँ
कैसा आदमी हूँ मैं
जिसने घड़ियाँ, अन्तरिक्ष को सौंप दी हैं?
क़यामत का सूर फूँका जाने ही वाला है[1]
और मेरी मुट्ठियों से समय भसक रहा है
मैं शंख में गिर रहा हूँ

---

1. हदीसों में आता है कि क़यामत बपा होने की शुरुआत हज़रत इसराफ़ील, जो कि एक फ़रिश्ता हैं, उनके सूर फूँकने की आवाज़ से होगी और सारे जीव-जंतु चालीस साल के लिए बेहोश हो जाएँगे।

मेरी साँसों को अपने करघे पर बुनने वालीं तुम
मेरी सिवन उधड़ रही है
तुम मुझे फिर से बुनना
और और और!

[2018]

बन

(विजयिनी के लिए)

याद के बन में फिरता जोगी
रटता राधा नाव
सूरज तेरी बिंदिया लगती
चंदा तेरे पाँव
हर इक आहट, आहट तेरी
पड़े फफोले पाँव
छाल-छाल में तेरी ख़ुश्बू
नागिन जैसी छाँव
धड़कन-धड़कन तेरा कलमा
साँस-साँस दुहराव
आँखों की स्याही से लिखता
राधा-राधा नाव...

[2017]

याद का शहर

1

सो रहे हैं पेड़
अपनी हरी ख़ाबीदा ख़ामोशियों में
जैसे एक हरे रंग की निहायत मोटी किताब हों
उन्हें आधी रात की दस्तक से जगाना
ग़ैर-मुनासिब बात लगती है
रात का काजल बह रहा है
सितारे धुँधला चुके
उनसे रौशनी की उम्मीद अभी बेजा है
तुम्हारे अबरूओं की याद पाँव में चुभती है
तुम्हारी बायीं आँख में डूब सकती है सारी कायनात
तुम्हारी आवाज़ है काग़ज़ी दीवारें
जिन्हें आहिस्तगी से छूता हूँ बदहवास...
अब चाँद तुम्हारी पाज़ेब है या निश्तर
समझ नहीं पाता

तुम्हारी याद अब दरअस्ल एक शहर का नाम है
जिसका मैं वाहिद बाशिंदा हूँ...

2

जब सिर में दर्द बनकर नाचती है किसी की याद
तब आसपास की हर आवाज़
किसी गुप्त मंत्र की फुसफुसाहट-सी कानों को लगती है
ये दुनिया एक ढोंग लगती है

जिसे अपनी ही पीठ पर मरे जानवर की तरह लादे, ढोता हूँ
तब सड़क किसी जादूगर का चोग़ा लगती है
और ऑटोरिक्शा उसकी घूमती हुई छड़ी
जिसमें दोनों तरफ़ से हवा घोंटती है गला
जैसे फिरता है जादूगर का हाथ

हम जादूगर के पंजे में फँसे हाँफते हैं
और शहर, गले तक डूब जाता है जादू के रोमांच में।

3

याद के शहर में यादों की एक लम्बी रेल थी
और मैं जीवन के उजाड़ स्टेशन पर खड़ा
उसे हाथ डुला रहा था...

[2019]

शरद की सुब्ह का आलम

धूप आती है कि जाती है शरद की
खिड़कियों से—
छनकर गिर रही मेरे अतल में
कह रही जैसे कोई इक राज़ : जीवन का
सुनाई दे रही उसकी
हल्की, कोमल, स्निग्ध ख़ुश्बू-सी आवाज़...

सजल नयनों में भर कोई कहानी
ज़िन्दगानी की
मिरे भी पास है
लेकिन
कहूँ कैसे तुझे ऐ धूप की हल्की किरन?
उजली हँसी चढ़ती मिरी खंडर दीवार पे—

मिरी वाणी के सब हैं तार टूटे से
खुरचते मेरे मन को आठों पहर
हृदय में फिर उतरता सुब्ह का आलम
खुला आकाश
बादलों के ख़ाब से धुला आकाश
जैसे पाँव ख़ुश्बू के
मिरे मन को लुभाता-सा
ख़लिश देता-सा
गाता-सा
कूकता-सा अपने रंगों में कोई इक बात...

काँपती स्मृति तुम्हारी
मिरे हाथों की लग्ज़िश-सी
तुम्हारे होंठ पर ठहरा हुआ वो ख़्वाब
जीवन का
तुम्हारी साँस में घुलता हुआ-सा
चाँदनी बिखरी उँगलियों में तुम्हारी
कल्पना के होंठ-सी
पतली, सुरीली गाती कोई इक गीत
जिसके स्वर
नहीं मालूम क्यों इतनी पीड़ा जगाते से!
जाने कैसे टूटती है लय
आत्मा में कील धँसती-सी
बहुत गहरी
बहुत गहरी
मिरी चाहत के तीरों-सी
तुम्हारी चाह में सूखा हुआ तन
कष्ट देता है...

[2021]

शरद की साँझ

फूल हाथों में उठाए कनरे के
मुस्कान धारे मुख-कमल पे
ओट ले अपने नयन के
झिलमिलाते कंप में अपनी लगन के
पीत वर्णी, संदली साँसों की छाया
पड़ गई नदी के शफ़्फ़ाफ़ आईने में...

फूल के कोमल वसन में
भर लिया उसने सुनहला गंध
संध्या का
नदी की ताक़ से...

[2021]

रातें

1

अँधेरे में गलते हैं मेरे अंग
टूट-टूट गिरता हूँ
पराजित
असहाय
जहाँ-तहाँ

जब उतरती हैं स्वप्न की परियाँ
धरती पर
मुझे मिलता है निष्कासन का फ़रमान
मैं रात के दरवाज़े पीटता हूँ लगातार
कोई उत्तर नहीं मिलता
हँसता है मुझ पर
रात के फाटक का दरबान

चिटकती पसलियों में टूटती है आस
नाख़ूनों में गड़ता है चेहरा
सीने में उड़ती है राख
मुर्दा आँखों में
तैरता है
चाँद का कलंक...

2

आकाश एक विस्तृत मसान है
जिसमें धधकती हैं असंख्य चिताएँ

रात-भर
बादलों के धुएँ में मिल जाती हैं
मेरे सीने की धौंकनी से निकली
भूरी साँसें

मैं हूँ मसान का औघड़ संन्यासी
जिसे सूरज की उपस्थिति होगी
बेहोशी-बदहवासी का सबब
फिर सूरज
चिताओं की राख में करेगा स्नान
और बुझकर खो जाएगा...

फिर आएगी रात
मैं अचकचाकर उठूँगा
पूर्ववत् दूँगा पहरा
रात-भर...

3

जीर्ण-सा आलोक
बालकनी में हूँ बैठा हुआ
ठंडी तासीर लिए
डोली हवा बेपरवा
चाँद इक दाग़ के जैसे
है नुमायाँ नभ में
सीना भी चाक है और
चाक है शब की भी क़बा
दिल की हालत हुई क्या
किसको ख़बर किसको पता
राग शिवरंजनी है
बाँसुरी पर बजता हुआ...

[2019]

फोड़ा

अपनी ही पीठ पर
लगातार पड़ने वाला
कोड़ा हूँ

इतना-इतना होने वालों के बीच
बहुत-बहुत कम
थोड़ा हूँ

मैं अपनी ही आत्मा की काँख में उगा
टभकने वाला
फोड़ा हूँ।

[2019]

अपनी आत्मा से

अपनी पीड़ा की नुमाइश करके
बेहिसाब तारीफ़ें बटोरीं

ऐ मेरी आत्मा
मेरे निकट आ
और मुझ पर थूक दे!

[2015]

अकेलापन

1

तपती है दुपहरिया
उड़ती है लू
कमरे में जमती है धूल की महीन चादर
कानों को अखरती है पंखे की कर्कश आवाज़

किताबें मुँह फुलाए घूरती हैं
देख-देख हतोत्साहित होता हूँ
उँगलियाँ चटकाता हुआ...

आत्मा धँसती है शरीर की झाड़ियों में
देह धँसती है बिस्तरे में

दिन का डाकिया
उड़ेल देता है बालकनी पर सुनहरे पत्र
सूख जाते हैं अलगनी पर रंग-बिरंगे कपड़े
जिन्हें फैलाते हैं कोमल हाथ
देर तक गूँजती है गलियारे में नन्ही बच्ची की आवाज़
उड़ जाती है डाल से आख़िरी चिड़िया...

एक स्त्री की चीख़ घुट जाती है उसके सूने बरामदे में
वो हँसती है जैसे फट जाता है साज़ का पर्दा
खीझती है ख़ुद पर; पटकती है बर्तन
हँसती है और छुपकर रो-रो लेती है

जर्जर पेट ऐंठता है
दुखती है गुदा...

2

जीवन उस चाँद की तरह सुन्दर है,
जिस तक हमारी रसाई नहीं होती।

[2019]

रहगुज़र

पृथ्वी
एक बहुत लम्बी सड़क
रात के महीन कंकड़ों से बनी
गीली है आँसुओं से

मैं सड़क के बीचोबीच खड़ा
देख रहा हूँ
आसमान पर ठिठुरते उस लैम्प पोस्ट की ओर
जिससे झरती सफ़ेद रौशनी ने
मेरी परछाईं को चट कर लिया है...

[2020]

बाज़

1

सुबह का सिपहसालार अपनी मशालें लेकर आता है
शहर में चुपचाप दाख़िल होता है उजाला
मैं दरवाज़ा नहीं खोलता

हवा का क़ासिद कुछ सूखे पत्ते रख जाता है दरवाज़े पर
मैं दरवाज़ा नहीं खोलता

शाम की चुप-स्लेट पर कई रंग होते हैं
जिनसे बन सकती है एक मुकम्मल तस्वीर
मैं एक ऐसा मुसव्विर हूँ जिसकी कूची दम तोड़ चुकी है
मैं दरवाज़ा नहीं खोलता

हर रोज़ कुछ तेज़ धड़कता है दिल
हर रोज़ कुछ ज़्यादा घुटती है साँस
हर रात खुलता है मेरा दरवाज़ा बेख़ौफ़
हर रात मेरे सीने पर उतरता है रात का बाज़...

2

बिखरे बालों से लिपटता है अन्धकार
जैसे लिपटते हैं साँप
गुरेज़ाँ लम्हे, नाख़ून की तरह चुभते हैं हलक़ में
आँखों में लहराता है एक ही अक्स
बदन में ज़हर बनकर दौड़ती है किसी की याद

चाँद का ख़याल, चाक़ू की तरह पेट में गड़ता है
और सीने पर उतरती है रात
जैसे उतरता है
पर तौलता
बदबख़्त बाज़...

[2019]

तंदूर

सिलसिला-ए-रोज़ो-शब
मेरे कमरे की कँटीली दीवार का नाम है
और दरवेश
एक मानूस असीर[1] का
चर्ख़[2]
एक बूढ़ा ऐयार है
जिसकी मक्कारी मेरे इदराक[3] को मुसलसल फ़रेब देती है

मेरी नींद के फाटक पर
सौ मन भारी
ताला लटका हुआ है
जिसकी चाबी नहरे-दूद[4] में खो गई
मुझे याद नहीं मेरे हवास की सूरत कुछ भी

मैं
एक ख़ाब से निकलकर
बदहवास
दूसरे ख़ाब में दाख़िल होता हूँ
बदन में शोल:ज़न[5] होता है भूरा साँप
हर दूसरी छटपटाहट पहली को बोसे देती है
कमरे का ठंडा सीला सन्नाटा

---

1. बन्दी, क़ैदी
2. चक्कर, आसमान
3. बोध
4. धुएँ की नहर
5. शोले फेंकने वाला

भीतर की हर आवाज़ को
ओक से सुड़ककर पी जाता है

मेरी ख़ाबगाह एक खौलता तंदूर है
जिसमें रोटियाँ नहीं
मेरा गोश्त पकता है।

[2019]

शहर की रात

1

सब आवाज़ें बन्द हो रहीं धीरे-धीरे
छायाएँ अब गश्त दे रहीं
सड़कों पर
दीवालों पर
आसमान पर
मन पर
लम्बी-लम्बी अजगर छायाएँ...

अभी कोई एक हूक उठेगी
कोई इच्छा
फिर चक्कर काटेगी कमरे में
और अलमारी-आईने से लिपट-लिपट जाएगी
चौथे तल से गिरी थूकों की उँगलियाँ
सड़क में धँस जाएँगी
आँसू से भीगा मुख
कालिख से फिर मुँह ढाँपेगा
रात-रात भर खिड़की से एक महक आएगी
मन शरीर में नहीं रहेगा
बाहर होगा
आँखें ख़ुद को ही देख रही होंगी

एक वृत्त दीखेगा
जिसकी गोलाई रक्त से निर्मित होगी

एक स्वप्न, जो आँखों में काँच-सा धँसा होगा
एक याद, जो कई यादों को झिंझोड़ेगी, फैलाएगी
एक मुख, जो आँखों में टिक जाएगा
एक साँस, जो सीने को कुछ और दबाएगी
एक चीख़, जो गली के छोर से टकराकर
वापिस लौट आएगी

निर्धनता, बेकारी के बड़े हथौड़े
नाख़ूनों को तोड़ेंगे
असफलता की खीझ
पागल-पागल कर जाएगी
इसी बीच प्रेयसी का थका चेहरा
याद आएगा
एक पीड़ा की लहर
नाभि से उठकर
पूरे बदन में फैल जाएगी
न जाने कब आँख लगेगी
और सुबह हो जाएगी।

2

हर रात फूलती हैं शहर की दीवारें
ख़ून की लकीरों से पसीजती हैं
जिनमें उभरते हैं चेहरे
ज़ंजीरें पटकते हुए
बिलबिलाते हैं भूख से

इच्छाएँ पीसकर आदमी को
ढँक देती हैं मलबों में

उधर क़ब्रिस्तान चीख़कर पुकारता है
मसान से उठती हैं डँकरने की वीभत्स आवाज़ें
दुबारा नष्ट करने के लिए
सूजी आत्माओं को

रोज़ दरकती हैं
अनगिनत कामनाओं की मेहराबें

भसकती हैं दड़बे के बराबर कमरे की ज़मीनें
जहाँ एक की साँसें :
दूसरे-तीसरे-चौथे की साँसों में घुलकर
तलफलाती हैं

जहाँ बेरोज़गारों की नींदें
रोज़ उचटती हैं बार-बार
मुसलसल पिराती हैं उनकी पिंडलियाँ
दर्द करती है कनपटी
अकड़ जाती हैं शरीर की नसें
जीवन
किसी बनिए के यहाँ गिरवी रखी चीज़
मालूम देने लगता है
रोज़ उनकी पीठ पर
धरी जाती हैं भारी ईंटें
वे कुछ और झुकने लगते हैं आगे की तरफ़
उनके पीले चेहरों से झाँकती हैं
मरियल आत्माएँ और दुष्टताएँ
वे धीरे-धीरे तैयार होते जाते हैं
ख़तरनाक मंसूबों में खपने के लिए

जहाँ चिटकती हैं खिड़कियाँ और रोशनदान
ढुलकती हैं स्याहियाँ
तार की तरह झनझनाती हैं रात की दीवारें
देर तक खदकता है मग्गे में रखा पानी
अँवटता है शरीर का
थका लहू

दिन-भर की चालाकियों से
ख़ाली हो चुका आदमी
रात को अलगनी पर

बिना क्लिप के भरकता है

दिन-भर के हाड़तोड़ काम में जुती देह
रात को किसी और देह से लिपटकर
ठंडी होती है झटकों से
घरों में सिसकारियों से ज़्यादा
गूँजती हैं सिसकियाँ

गलियों में कुत्तों से ज़्यादा
भटकती हैं अतृप्त इच्छाएँ
और नुचे-चुथे स्वप्न

दिन
इन सब पर दाँत फाड़ता
चला आता है फिर से।

3

इस शहर में कोई नहीं सोता
रात-भर सूखी अँतड़ियाँ और मुरझाए होंठ
दुआगो रहते हैं निज़ामुद्दीन औलिया की दरगाह पर
तस्बीह फेरने की अभ्यस्त उँगलियाँ
ऊँघते अक़ीदतमंदों की हथेलियों में
दाने गिनती रहती हैं
जैसे नींद में भी अनवरत चलती रहती हैं
दर्ज़ियों की सिलाई मशीनें
झरोखों पर अनगिनत मुरादों की चूड़ियाँ
रंगीन कपड़ों के टुकड़े और लाल-पीले धागे
सटकर दुबके जागते रहते हैं
और ठिठके देखते रहते हैं
दूर-दूर से आए
हैरानो-परेशान अक़ीदतमंदों को अचरज से
क़ब्रों की बग़ल में लेटे या पीठ टिकाए मिन्नती
अगरबत्तियों की गंध में जागते रहते हैं अपनी नींदों में

आसमान के नुकीले गुम्बदों से टकराकर
रात-भर टूटकर झड़ते रहते हैं
मुलायम स्वप्न और गीली प्रार्थनाएँ...

रात-भर आँख मलते
खाना पहुँचाते रहते हैं फ़ूड डिलीवरी बॉयज़
नाईट ड्यूटी देकर देर रात लौटती है मेरी पड़ोसन
और हाँफती हुई खोलती है कमरे का ताला
जिस पर दिन-भर झूलती रहती है उसकी सूखी छाया

सिपाही गश्त देते रहते हैं
और अपराधियों को
अँधेरी गलियों और खुली सड़कों पर ढूँढ़ते हैं
जबकि शहर के सबसे ख़तरनाक अपराधी
दिन के उजाले में करते हैं अपराध

चाँद टिका देता है अपना झुका माथ
मेरी खिड़की से
हवा को चीरती हुई
थोड़ी-थोड़ी देर पर आती रहती है
पटरियों को छीलती
रेलगाड़ी की झनझनाती आवाज़
ऊँघते मुसाफ़िरों के कपड़ों की गुमसाइन गंध
रेलवे स्टेशनों से निकलकर
शहर को ढँकती रहती है रात-भर

रात-भर टप्-टप् टपकता रहता है टोंटी से पानी
रात-भर छतों पर टहलते हैं मरियल साये
रात-भर नेज़े की तरह गड़ती रहती हैं
मामूली नौकरी में खपते नौजवानों की पीली आँखें
ख़ूबसूरत सुथरे पार्कों के गेटों पर
नाक रगड़ते रहते हैं कुत्ते

गंदी बस्तियों में
सुअर और आदमी
एक साथ देखते हैं
कीच में लिथड़े स्वप्न

इस शहर में कोई नहीं सोता
रात का ज़हर बुझा ख़ंजर
हर सुबह सबकी पीठ में धँसा मिलता है।

[2018]

काबूस[1]

आगे किसू के क्या करे दस्ते-तमा दराज़,
ये हाथ सो गया है सिरहाने धरे धरे।

—मीर तक़ी 'मीर'

1

अचानक टूटती है नींद
ये कहाँ हूँ मैं?
कुछ भी याद नहीं आता...

एक नीली नाव उलटी पड़ी है
सुनहला पानी उँगलियों को छूकर लौट जाता है बार-बार
सूखे पत्तों से ढँकी है देह
चारों तरफ़ आइनों की चाँदी झिलमिला रही है
एक अदृश्य रस टपक रहा है देह की गुफाओं में
टप् टप् टप्...

पैर में भयानक अकड़न महसूस होती है
एक नीला फूल पानी में से मुझे देखकर हँसता है
और बिना आवाज़ किए पानी की सतह के भीतर छुप जाता है
नज़रें उठाता हूँ और देखता हूँ

---

1. काबूस उन सपनों को कहते हैं जो हमें ख़ौफ़ज़दा करते हैं और कई बार तो बार-बार नींद में लौटते हैं। इस कविता में कुछ ऐसे ही सपनों को हूबहू लिख दिया गया है जिन्हें कई बार देखता रहा हूँ और भयाक्रांत होता रहा हूँ। उन्हें लिखने की वजह सिर्फ़ इतनी है कि अब मैं उन्हें कभी नहीं देखना चाहता। जो सपने मेरे सीने में बरसों दफ़्न रहे उन्हें कविता में दफ़्न कर दिया गया है।

चाँद, अज़दहे की शक्ल में
मुझ पर हमलावर होता है
मैं घबराकर पानी में झाँकता हूँ
और पानी मुँह फाड़कर मुझे निगल जाता है...

2

पानी में एक पत्थर उछालता हूँ
छपाक्...
और चेहरा धूल में सन जाता है...

पीड़ा में एक वाक्य बोलता हूँ
और एक भी शब्द नहीं निकलता होंठों से...

एक निर्माणाधीन मकान की दीवार की दरारों में
प्रेमपत्र छुपाता हूँ
जो दीवार के साथ ही ग़ायब हो जाती है
पुतलियों की एक फिरत में

याद करता हुआ अपना घर
देखता हूँ, भोंपुओं के समुद्र में घिरा हुआ
पालीथिन जलने की गंध और ख़ून की इबारतें
भागता हूँ जान छोड़कर और सिर पर गिरती है एक चम्मच टन् टन्...
एक तेंदुए की पीठ पर सवार लाँघ जाता हुआ एक दरिया...

एक बवंडर की शक्ल में देखता हूँ अपना ही वीभत्स चेहरा
घोड़ों की टापें, रेलगाड़ियों की सीटियों में बदल जाती हैं
और घुँघरुओं की आवाज़ बदल जाती है शीशों की सामूहिक चिटकन में

तब तक गिरता हूँ ज़मीन पर बहुत ऊँचाई से
और धड़कता है दिल, ज़ोर-ज़ोर से, तुम्हारे नाम की आधी नन्ही स्पेलिंग में[1]

एक चेहरा याद करता हूँ और बूढ़ा हो जाता हूँ।

---

1. शमशेर के प्रति कृतज्ञ होते हुए

3

एक बहुत पुराने घर में खो गया हूँ। बाहर निकलने का रास्ता नहीं मिलता। कुछ लोग मेरा पीछा कर रहे हैं, मैं दौड़ लगाता हूँ। सीढ़ियाँ हैं कि ख़त्म ही नहीं होतीं। अचानक एक अँधेरे गलियारे में ख़ुद को पाता हूँ। गलियारा बहुत-बहुत लम्बा है लेकिन उसके मुहाने पर रौशनी दिखाई देती है। मैं दौड़ लगाता हूँ लेकिन अचानक ज़मीन खिसकने लगती है और मैं नीचे गिर जाता हूँ। देखता हूँ एक बहुत बड़ा कमरा है जिसमें एक बहुत-बहुत बड़ी जंग लगी लोहे की कढ़ाही धरी है। उसके अन्दर कुछ पक रहा है। मैं जंगले पर चढ़कर कढ़ाही में झाँकता हूँ और देखता हूँ, उसमें इंसानों की हड्डियाँ उबल रही हैं। डर के मारे मेरे पसीने छूटने लगते हैं। मैं बेतहाशा भागता हूँ वहाँ से और एक वीरान पड़ी फ़ैक्ट्री में घुस जाता हूँ। कुछ देर तक वहीं भटकता हूँ और बाहर निकलने का रास्ता खोजता हूँ। अचानक एक करकट का दरवाज़ा दिखता है जिसे खोलकर बाहर निकल जाता हूँ। लेकिन ये क्या! ये दुनिया तो बिलकुल भिन्न है, मैं तो शहर की बन्द फ़ैक्ट्री में घुसा था। लेकिन यहाँ तो मैं एक बहुत ही ग़रीब बस्ती की गली में खड़ा हूँ। कच्ची सड़क है सामने और दीवार से टिकी एक पुरानी साइकिल भी। कुछ आगे बढ़ता हूँ और एक आदमी जिसने चादर ओढ़ रखी है मुझसे मेरा नाम पूछता है। मैं उसे अपना नाम बतलाता हूँ और वो चादर के अन्दर से पिस्तौल निकाल कर मुझ पर तान देता है। मुझे अपनी मौत सामने खड़ी दिखती है, मेरी जान सूख जाती है। मैं उसे जल्दी से धक्का दे के भागता हूँ और अफ़सोस गिर पड़ता हूँ... वो आदमी मुझे धर लेता है और एक ऐसी जगह घसीटते हुए ले जाता है जहाँ एक बहुत बड़ी मशीन है जिसमें आदमियों को डाल के उनका क़ीमा निकाला जाता है। हर तरफ़ ख़ून और मांस की बास आती है। मेरी जान मेरे हलक़ में आ जाती है। मैं उल्टियाँ करने लगता हूँ, तब तक एक भयानक आवाज़ सुनाई देती है। मैं आवाज़ की दिशा में नज़र फेरता हूँ और देखता हूँ, एक बहुत बड़ा मुँह शोलों में लिपटा हुआ मेरी तरफ़ तेज़ी से बढ़ा चला आ रहा है। मैं ख़ूब ज़ोर से चीख़ पड़ता हूँ...

4

खुलता है दरवाज़ा भड़ाक से और टूटती है नींद। नीम अँधेरे में हाँफता हूँ। किसी भी चीज़ को पहचान नहीं पाता। कमरे की हर चीज़ अपरिचित-सी लगती है। सो निकल भागता हूँ कमरे से और पहुँच जाता हूँ गाँव के पुराने

बरामदे में, जहाँ सब पूछते हैं मेरा हालचाल और कहते हैं कि घबराने की बात नहीं है, यहाँ मैं बिल्कुल सुरक्षित हूँ। कुछ समझ में नहीं आती बातें उनकी। फिर मुझे कुछ याद आता है और मैं भागता हूँ कमरे की ओर। देखता हूँ, टेबल पर पड़ा है मेरा मोबाइल। फटाफट खोलता हूँ उसे और एक मैसेज दिखता है, जिसमें तुमने लिखा है कि तुम्हें मुझसे यही उम्मीद थी कि इतना ही घटिया निकलूँगा और एक शब्द, विदा! जो धँस जाता है कलेजे में फाँस की तरह। देखता हूँ मेसेज की तारीख़ और काँप जाता हूँ। उफ़्फ़! ये घुटन! और आँखों में छाने लगता है अँधेरा... ये मेसेज तो बीस बरस पहले भेजा था तुमने! घबराकर आईने के सामने जाता हूँ और देखता हूँ कि मेरे सिर के बाल सफ़ेद चाँदी से हो गए हैं और चेहरा डूब गया है झुर्रियों के अथाह समुद्र में। मुझे कुछ याद नहीं आता, सिवाय तुम्हारे मासूम चेहरे के जिसे मैं इस लम्बी अचेतावस्था के बाद भी उसी शिद्दत से याद कर रहा हूँ। क्या तुम अब हमेशा के लिए जा चुकी हो मेरे जीवन से? क्या तुम्हें मैंने इस क़दर निराश किया? तुम्हें दया न आई थोड़ी भी? अब मैं कहाँ जाऊँ शरण के लिए? क्या मैं तुम्हें अब कभी नहीं देख पाऊँगा? ये कैसी जेल है जहाँ जीवन, मृत्यु से भी भयानक है। कैसा तो निरर्थक जीवन! दो कौड़ी का भी नहीं। हर साँस एक बोझ सी, हर धड़कन ग्लानि में डूबी हुई। उफ़्फ़ मेरे मौला! ये कैसी सज़ा दी है मुझे!

दुःख का समुद्र खींचकर डुबो देता है मुझे और मैं सोचता हूँ कि काश किसी तौर तुम्हें बतला पाता कि मैं बेगुनाह हूँ मेरी जान! लेकिन अब मेरी सफ़ाई और तुम्हारे इल्ज़ाम में दो दशकों का बेमाप फ़ासला है। अब मैं एक ऐसी दुनिया में किसी मरियल बूढ़े प्रेत की तरह खड़ा ठिठुर रहा हूँ, जहाँ मैं किसी को भी नहीं जानता, किसी को भी नहीं पहचानता।

5

दोपहर का समय। एक खुला सपाट मैदान। और अनगिनती बाइक सवार क़तारबन्द। एक कैमरामैन और एक गंजा सेनाध्यक्ष जिसके सीटी बजाते ही शुरू होता है खेल और सारे बाइक सवार घुरघुराते हुए अपना इंजन, सरपट भगाते हैं अपनी-अपनी बाइकें। कुछ ही देर में उनकी बाइकें ज़मीन की सतह को छोड़, हवा में उड़ जाती हैं और आसमान में कलाबाज़ियों का करतब दिखाने लगती हैं। तभी अचानक एक बाइक सवार अनियंत्रित हो जाता है और पास उड़ रहे एक बाइक सवार से टकराता है, और इस तरह एक के

बाद एक सारे बाइक सवार एक दूसरे से टकराते हैं और ज़मीन पर भद-भदा कर गिरते हैं और कुछ ही मिनटों में पट जाता है मैदान उनके फटे सिरों वाले शवों से। उनकी टूटी मोटरसाइकिलें घुरघुराती हैं और अगला पहिया घूमते-घूमते रुक जाता है। खेल का मैदान अब मरघट में बदल चुका है। मैं भय, पीड़ा और रोमांच में चीख़ना चाहता हूँ लेकिन आवाज़ गले में ही घुट जाती है। गंजा सेनाध्यक्ष अचानक घबराता है और कैमरामैन से कैमरा छीन कर तोड़ देता है। एक अकथनीय रोमांच मृत्यु की स्तब्धता में बदल गया है। मैं वहाँ से भागता हूँ और गिर पड़ता हूँ।

[2019]

उसका चेहरा हाथ लिया है
(ग़ज़ल)

उसका चेहरा हाथ लिया है, जैसे दीपक बाला है
बस उसका चेहरा है रौशन, मेरा चेहरा काला है

वक़्ते-जुदाई आन पड़ी है, उससे आँख चुराता हूँ
जिन आँखों में ख़ाब सजे थे, भीतर बाहर जाला है

मंदर-मंदर मस्जिद-मस्जिद, कौन सी जा छोड़ी हमने
वापिस लौटीं सब फ़रियादें, कब तू सुनने वाला है

लौट तो आया हूँ मैं याँ पर, कौन मुझे पहचानेगा
दीवारों पर घास उगी है, दरवाज़े पर ताला है

मुंसिफ़ भी अब फ़ैसला क्या दे, कुछ उसको बूझे ही न
हाथ सभी के साफ़ हैं फिर ये, किसने डाका डाला है

शीशे तोड़े कुछ न कहो तुम, जाने दो बेचारे को
उसके लिए ये आख़िरी शब है, झूम रहा मतवाला है

जोगी जैसा भेस धरे है, किसको ख़बर दरवेश है ये
लाश पड़ी है, आँख खुली है, हाथ में कंठी माला है।

[2019]

क़ब्र

चाँद
मेरी इच्छाओं का कफ़न है
और रात उनकी क़ब्र।

[2018]

क़ब्र का पत्थर

जब माँ ने जन्म दिया
रेडियो पर बैनुल-अक़्वामी ख़बरों का वक़्त था
सबने कहा, 'समाचार सुनने ही आया है'...

वो दिन और आज का दिन
चाँद और सूरज पलट गए
गंगा में कितना पानी बह चुका
करघा चलता रहा, आवाज़ उठती रही
दिनो-माहो-साल बुने जाते रहे
हू का शोर बस्ती-बस्ती चाटता रहा लहू
कहीं कुछ न बदला
बदले भी तो बस यातना देने के हथियार
ज़ुल्म के हाथ और मज़बूत होते रहे
इंसान को इंसानों में ही पनाह न मिली

वो ख़बरें कहाँ सुनी गईं
जिनसे कानों को सुख मिलता!
उफ़्फ़ इस धरती से कितना-कितना इश्क़ है मुझे!
विदा होते-होते कुछ शिकस्ता ख़्वाब ही होंगे लगता है
कुछ अलिखित पांडुलिपियाँ
कुछ क़र्ज़ की क़िस्तें
कुछ न भेजी गईं अर्ज़ियाँ, सिफ़ारिशें
और कुछ इत्र में बसे बोसीदा ख़त
और जेब में कुछ ज़िद्दी सिक्के
जो कभी ख़र्च न हुए

मैं मरूँ तो न हिंदुस्तान में
न पाकिस्तान में
न अरब में न फ़ारस में
न मास्को में न बर्लिन में
न हिंदी में न उर्दू में
न हिंदुओं में न मुसलमानों में
मैं मरूँ तो अपनी माँ की बोली में मरूँ
भोजपुरी में मरूँ
और मेरी क़ब्र पर लिखे ये शब्द
मिट्टी की उम्र पाएँ :

माटी कऽ हऽ तोसक गद्दा।
कथरी अउर दुलाई हो॥
इँह दरवेस सुतल बाड़ें जी।
मटिया ओढ़ रजाई हो॥
तरताबर जिन धावऽ अतना।
कर लऽ थोड़ भलाई हो॥
माटी कऽ ई देह हऽ बाबू।
माटी मा मिलि जाई हो॥

[2020]

रात एक हाँफती हुई कुतिया

रात
एक हाँफती हुई कुतिया
जिससे मुझे डर लगता है
जिसे मैं भगा नहीं पाता

इतना बेहुनरमंद आदमी हूँ
न जीना आता है और न मर जाना

रात की मौत
हाँफती हुई कुतिया की मौत।

[2018]

हम मारे गए लोग

(अपने जैसे दुनिया के तमाम सरफिरे कवियों के नाम)

जब दुःख रिस रहे थे
हमारी आत्मा के कोनों-अँतरों से
हम पागलों की तरह सिर धुनते
हम स्वप्न में भी भागते
और बार-बार गिर पड़ते
हम अँधेरे द्वीपों के किनारों पर खड़े
विलाप करते
हमारा अन्त हमें मालूम था
आप बस इतना ही समझिए
कि हम कवि थे
और कविता के
निर्मम बीहड़ एकांत में
मारे गए।

[2016]

भरपेट मौत

जौहरे-तेग़ ब-सर-चश्म-ए-दीगर मालूम,
हूँ मैं वो सब्ज़ा कि ज़हराब उगाता है मुझे।
—मिर्ज़ा ग़ालिब

रगों में ज़हराब
लहराता हुआ आता था मेरे क़रीब
मुझे तुम्हारा क़ुर्ब
बहुत याद आता था
करवटें बदलते
शब तमाम होती थी
नीम-बेहोशी में आँखें मीचता
तुम्हारे नुक़ूश को
आँखों के धुँधले पानी में
तिरता देखता रहता

एक सैलाब था
एक उमड़ता दरिया
एक अँधेरा समंदर
कुछ निशान
कुछ लम्स
तुम्हारी आँखों की रक्तिम नब्ज़
एक उच्छ्वास
एक सायादार दरख़्त
एक खंडहर होती मस्जिद के गुम्बद में पैवस्त
नुकीला माहताब
एक गुम होती गली

तुम्हारे पैरों की थकन
तुम्हारा धड़कता दिल
तुम्हारी नाज़ुक साँसें
नुकीले अल्फ़ाज़ से बिंधा
मेरा मजरूह दिल
एक परिन्दे की नाकाम परवाज़
रेत होती कुछ थोड़ी धड़कनें
तुम्हारे साथ वाबस्ता ज़िन्दगी का
एक ख़ून आलूदा ख़ाब...

मुझे चाहिए थी एक शब
भरपेट मौत।

[2018]

एक मर्गे-नागेहानी और है[1]

वो आएगी
जैसे बरसों पुराने खंडहर में
आता है कोई भटका मुसाफ़िर
जैसे बरसों से बन्द पड़े मकान में
गूँजती है; किसी की ज़िन्दा आवाज़
जैसे किसी घुटन-भरे कमरे में खिड़कियाँ खड़काती
घुसती है सरसराती ठंडी हवा
जैसे राह चलते, गले पड़ जाता है कोई बहुत पुराना दोस्त
जैसे बरसों पुराने घाव के फटने से
बह जाता है मवाद

जैसे आसमान में खिलता है फूल
जैसे ज़मीन पर उगता है चाँद

वो आएगी
जैसे कोई नई ठेस बहा देती है
बरसों से थामे आँसू
जैसे घेरती है अन्तिम थकान
जैसे छाता है अन्तिम अन्धकार

वो आएगी और हमें पता ही नहीं चलेगा उसका आना
और हमारा शरीर कठुआ कर काठ हो जाएगा
बर्फ़ से भी ज़्यादा सख़्त
स्पंदनहीन

---

1. मिर्ज़ा ग़ालिब के एक शेर का मिसरा-ए-सानी।

मारे ख़ुशी
मारे अचरज
मारे दुःख के।

[2018]

शेष-अशेष

रात थी
हवा थी
और हृदय में विस्तीर्ण सुनसान...

चाँद तो था
पर चाँद का धोखा
गोया तुम्हारे अँगूठे का कटा नाख़ून
आकाश का गला जाता था काला खोल...
बकरियों की मिमियाहट थी : एक धारदार ख़ंजर की चमक में
और थे छिन्न-भिन्न तार श्वासों के
आँखों में थी फैली
नीली-पीली उदासी...

जब मृत्यु ने दोबारा दस्तक दी
कुछ भी नहीं था
कुछ भी नहीं था मेरे पास
सिवाय तुम्हारी अनंत कामना के...

[2019]

एक पेड़ का दुःख
(सुघोष के लिए)

सब पत्ते विदा हो लेंगे एक दिन
गिलहरियाँ भी कहीं और चली जाएँगी
चींटियाँ भी जगह बदल देंगी
और सुग्गे नहीं आएँगे इस तरफ़
फिर कभी

न बारिश
न हवा
न धूप
बस घने कुहरे के बीच
झूल जाऊँगा मैं किसी दिन
अपनी ही पीठ में
ख़ंजर की तरह धँसा हुआ
सबकी स्मृतियों में।

[2016]

मेरे बच्चो!

दुनिया-भर की किताबों से कातो सूत
फिर बुनो चादर जिसमें
लातादाद अक्षरों और ध्वनियों की सरगोशी हो शामिल
भाषा की तलछट से बीन लाओ सुई
और आत्मा को कर डालो रफ़ू
यातना के निशान बेल-बूटों से सजाओ
धू-धू कर जलाओ भाषा में
बीस-बीस हाथ गहरी क़ब्र में दबाओ भाषा की मुझे!

मेरे बच्चो!
मैं तो न बुन सका वो दर्दीली मीठी आवाज़ में गाने वाली चादर
तुम गर बुन पाओ कभी तो इस बूढ़े को उसी में देना अन्तिम विदाई।

[2020]

अन्तिम प्रार्थना

चाँद—
दफ़ा हो जाओ
हवा—
मुझ तक सुगंध न लाओ
खिड़कियो—
बन्द हो जाओ
दीवालो—
और निकट आओ
छत—
मुझ पर झुक जाओ
बत्तियो—
गुल हो जाओ
धड़कनो—
थम जाओ
साँसो—
और न दबाओ
स्मृतियो—
दूर जाओ
अँधेरे—
और गहराओ
कफ़न बनो
मुझ पर छा जाओ।

[2019]

कवि मंन तूने क्या कर डाला?

कवि मन तूने क्या कर डाला?
इतनी पीड़ा, इतने दु:ख को
कैसे-कैसे पाला?
कवि मन तूने क्या कर डाला?

लिया बहुत कुछ; दिया बहुत कम[1]
कभी धुआँ तो; कभी ओस बन
सब कुछ, सब कुछ, सब ढँक डाला
कवि मन तूने क्या कर डाला?

कितने दरिया, कितने सागर!
समा गए आँखों में आकर
फिर भी—फिर भी—फिर भी—फिर भी
बुझी नहीं यह मन की ज्वाला
कवि मन तूने क्या कर डाला?

सुख के क्षण भी दु:ख की छाया
सब खो बैठा जिसको पाया
दु:ख ही फिर-फिर काम है आया
फेरता जा आँसू की माला
कवि मन तूने क्या कर डाला?

[2018]

1. मुक्तिबोध के प्रति कृतज्ञ होते हुए।

रस्ता रस्ता एक घड़ा है

(ग़ज़ल)

रस्ता रस्ता एक घड़ा है,
पानी पानी प्यास भरा है।

ऊँचे-ऊँचे साये हैं बस,
जिसमें चन्दा नाच रहा है।

गिर जाए न रात का काजल,
सुब्ह ने उसको थाम लिया है।

शहर-शहर है सूना रस्ता,
काला साया हाँफ रहा है।

बिखरा है तिनके-सा सूरज,
हाथ सुफ़ैद और आँख मला है।

आँख हैं जादू साँस हैं मंतर,
ख़ंजर भी एक ज़हर बुझा है।

मैं हूँ बैठा ताक लगाए,
मुझमें कोई सोता पड़ा है।

चमकीले हैं माहो-अंजुम,
रस्ता रोके साँप खड़ा है।

लाल हैं सपने लाल हैं आँसू,
धरती से आकाश मिला है।

स्याह सुफ़ैद तस्वीर-सा गुलशन,
वहीं कहीं दरवेश मरा है।

[2020]

सुब्हे-सादिक़ को शोर-सा होगा

(ग़ज़ल)

(आशीष के लिए)

सुब्हे-सादिक़ को शोर-सा होगा
कोई काँधों पे चल रहा होगा

जिस जगह हम मिले थे पहली दफ़ा
बरसों-बरसों कोई खड़ा होगा

आँसुओं में धुलेगी आज की रात
तेरी चौखट पे ख़ूँ चढ़ा होगा

तुझको मेरी क़सम फ़लक वाले
मेरे मिटने से कुछ भला होगा

मर्ग पर भी कहाँ टला है ये
फिर कोई और सानेहा होगा

मुंतज़िर बाद तर्के-अहदे-वफ़ा
ये भी क्या इश्क़ में दग़ा होगा

अब तो काँधे पे सिर नहीं मेरे
फिर भी सिज्दा तिरा अदा होगा

पूछते क्या हो लाश किसकी है
कोई दरवेश मर गया होगा।

[2017]

देवता

सपनों में उगती हैं तलवारें
और तोपों के गरम दहाने आँच देते हैं
मैं अपनी टूटी हुई टाँग या फूटी हुई आँख के दुखड़े नहीं रोता
बल्कि वक़्त की लगाम खींचकर एड़ लगाता हूँ...

कितनी ही लड़ाइयाँ जो पिछले ज़मानों में लड़ी गईं
और जिनका ज़िक्र तारीख़दानों ने भी नहीं किया
उनका शोर मेरे सपने में क्यों रिसता है?
ये रेलगाड़ी नहीं जिसकी चेन खींचकर रोक सकूँ
या वो टोटी नहीं जिसकी कान उमेठकर पानी बन्द कर दूँ
तो फिर ये क्या है जो मुसलसल चलता रहता है मेरे भीतर?
मैं कितने हादसों के बोझ तले दबा हूँ!
मैं कितनी हिजरतों और बँटवारों का गवाह हूँ!
मेरी रूह पर कितने ज़ख्मों के दाग़ हैं!
जो मैंने ही खाये हैं किन्हीं और ज़मानों में
किन्हीं और हथियारों से...

मैं एक ही वक़्त हाकिम और मज़लूम कैसे हो सकता हूँ?
मैं एक ही वक़्त क़ातिल और मक़्तूल कैसे हो सकता हूँ?
मुझे नहीं मालूम कि मैं टकसाल में सिक्के बना रहा हूँ
या कोयले की खदान से कोयले निकाल रहा हूँ
या शहर के फाटक पर दरबानी देता हुआ ऊँघ रहा हूँ...

मैं इस बर्रे-सग़ीर का सिसकता हुआ कौन-सा राग हूँ मेरे मौला?
जो दिल्ली और लाहौर और काबुल और मुल्तान और पेशावर और कराची
और ढाके तक खिंचता है...

मैं प्राचीन ऋषियों का शाप हूँ या मोहनजोदड़ो की राख
जो सदियों से उड़ रही है...
या कि हूँ मैं अधूरी बन्दिश किसी उस्ताद की!
या किसी अजन्मे राग की पीड़ा!
मैं कितने दुःखों का मदावा चाहता हूँ
मैं किस रफ़ूगर की खोई हुई सुई हूँ
जो नदियों, पत्थरों और कराहों का पीछा करती है?
मैं किसका पुत्र हूँ?
किसकी हूँ मैं संतान?
किसकी हूँ मैं अधबुनी चादर?
किस कलाकार की हूँ मैं अधूरी रचना?
मैं किस बर्बाद नगर का प्रेत हूँ?
किस सूफ़ी की अधूरी दुआ हूँ?

मैं पत्थर के नगर का कौन सौवाँ पत्थर हूँ दरवेश?

[2020]